Bernd Schulz

Josef Schulz
Hundert Jahre – Faszination eines Überlebenden
1892 - 1993

Josef Schulz
Hundert Jahre
Faszination eines Überlebenden

1892 – 1993

Geschichten aus seinem Leben, festgehalten von seinem Enkel Bernd Schulz.

Zum Andenken an meinen Opa Josef Schulz, für die nachfolgenden Generationen.

Rediroma-Verlag

Bibliografische Information der Deutschen Nationalbibliothek:
Die Deutsche Nationalbibliothek verzeichnet diese Publikation in der Deutschen Nationalbibliografie; detaillierte bibliografische Daten sind im Internet über http://portal.dnb.de abrufbar.

ISBN 978-3-98527-515-1

www.rediroma-verlag.de
21,90 Euro (D)

Inhaltsverzeichnis

Vorwort

Gerne erzählte mir unser lieber Opa Josef Schulz mit fast 100 Jahren immer wieder aus seinem ereignisreichen Leben, dabei erschien es ihm, als wäre die lange Vergangenheit erst gestern passiert. Aber vor allem ging es ihm um die gute Botschaft für die nachfolgenden Generationen, wie er in Zeiten, in denen die Macht des Bösen regierte, seinen christlichen Grundwerten durch Opfermut und klaren Bekenntnissen treu blieb.

Hundert Jahre ist Josef Schulz alt geworden. Auch wenn er im hohen Alter Beschwerden hatte, begeisterte er mich jedes mal neu mit seiner Ausstrahlung und temperamentvollen Erzählkunst. Dann nämlich blitzte es in den hintersten Augenwinkeln und seine Worte sprudelten im Südmährer Dialekt von seiner bewegten Vergangenheit. Kraftvoll und heiter erzählte mir Josef aus seinem Leben. Er war eine große Persönlichkeit. Sein Gedächtnis war sogar so gut, dass er noch mit hundert Jahren endlos lange Gedichte aus seiner Schulzeit bis hin zur ersten Klasse vortragen konnte. Auch Lieder aus uralter Zeit sang er nach Belieben und hatte jederzeit eine passende Geschichte parat. Sein lang erfülltes Leben begann im ländlichen Böhmdorf von Südmähren, das von einfachen Menschen bewohnt war. „Ihr seid heute reich und doch arm," erklärte er immer wieder seinen Kindern. Wie viel mal mehr musste seine Welt damals beseelt gewesen sein.

Welch natürliche Geselligkeit musste ihn umgeben haben. Wie sehr liebte er seine Heimat bis zuletzt. Sein hoher Mut trotz Lebensfreude und seine Religiosität prägten sein Leben und machten es zu etwas ganz Besonderem.. Die Jugendjahre daheim, sowie die Lehrjahre in Wien lassen nicht auf Besonderheiten schließen. Doch von dem schweren Schicksal des Ersten und Zweiten Weltkrieges blieb auch er nicht verschont. Gerade hier überschlagen sich die Ereignisse. Mut und Abenteuer in zwei Weltkriegen, Gefangenschaft in Sibirien, Flucht und Vertreibung, aber auch Opfermut, Gerechtigkeit und starke Geborgenheit in Gott lassen den reich begnadeten Josef Schulz mit 100 Jahren als letzten großen Überlebenden seiner Zeit erscheinen.

Die Geschichten setzen sich mosaikartig zusammen. Eine wesentliche Beeinträchtigung war das Reden und Fragen stellen zu den entsprechenden Lebensabschnitten, die besonders durch Schwerhörigkeit und schlechter Sehkraft des damals Neunundneunzig Jährigen, sowie teilweise durch Mangel an Einzelheiten, erschwert wurde.

Josef Schulz erzählte mir Geschichten aus seinem lang erfüllten Leben und ich bin in seine Erzählungen seiner längst vergangene Welt möglichst authentisch eingetaucht. In seinem Leben ist ihm trotz all der Schicksalsschläge, mehr Gutes in der Erinnerung lebendig geblieben. Ich habe versucht, den Umfang seines ganzen Lebens auf das Wesentlichste zu beschränken, dennoch geht eine lange Arbeit zu Ende, die Gott sei Dank noch vollständig zu Ende gebracht werden konnte.

Der gute Schutzengel

Daheim waren sanfte Hügel, dazwischen lag das Feld, der Wald an den Hängen und die Weingärten der Bauern. Die Siedlungen Böhmdorf, Wenzeldorf und Mißlitz, die sich erst um 1900 zum Marktfleck Mißlitz zusammenschlossen, lagen weich in einer Mulde eingebettet. Über allem ragt hinter dem barocken Kirchturm, der Markusberg.

Die Tage waren von der Natur im Sommer und Winter sehr gegensätzlich. Im Sommer waren die Tage in Südmähren heiß und nur selten prasselte am späten Nachmittag ein wohltuend, warmer Gewitterregen auf die Erde nieder. Südlicher Sonnenschein ließ zarte Aprikosen, Kirschen und guten Wein reifen. Der Winter dagegen war kalt und brachte viel Schnee. Josefs gute, von Grund auf ehrliche, aber strenge Mutter war tschechischer Herkunft. Mit zwei älteren Schwestern, einer Jüngeren und einen großen Bruder wuchs er auf. Fünf Kinder, das war für eine Mutter wohl mehr als genug.

Josefs unerschütterlich gesunder Vater, deutscher Abstammung, war gelernter Maurer, hatte aber wie die meisten Mißlitzer eine kleine eigenständige Landwirtschaft. Er behauptete nicht ohne Grund, er sei nicht aus Eisen, sondern aus Stahl. Aber auch seine Mutter behauptete bis zuletzt voller Stolz, dass an ihrem Leib der Doktor noch keinen Finger gerührt hatte, und trotz harter Arbeit lebten sie beide bis ins hohe Alter. Josefs herrliches Leben in den ersten Kinderjahren spielte sich meist auf der Straße, zwischen den Obstbäumen oder am Dorfteich ab. Was spielten sie in jener Zeit? Einmal war es Schlagball, ein anderes mal Räuber und Gendarm oder es gab mal eine lustige Rauferei. Das Leben war noch unbeschwert, einfach und schön. Josefs ganze Welt war vom Schöpfer des Himmels geschenkt.

Einmal, erinnerte er sich, tobten sie durch die Straßen, da hatten sie eine seltsame Begegnung.

Im Sommer durchquerten häufig die Rastelbinder Böhmdorf, welche man schon von weitem an ihrem blechernen Gepolter und ihrem einzigartigen Gesang erkannte. Ein Rastelbinder zog weit bis nach Schweden hinauf und verdiente von Dorf zu Dorf. Am Buckel trug er Blechstücke, um die Schultern hing aufgerollter Draht, nötigstes Werkzeug und zum Leben ein paar bescheidene Habseligkeiten.

Sein schier unheimliches Auftreten erweckte schon bei Kinder eine mit Vorsicht verbundene Neugier, aber zugleich eine ungeheure Angst. Wenn er durch die Straßen zog und auf sich aufmerksam machte, sang er mit tiefer, lauter Stimme:

„Drahtro wat hrnze de," kam aus der Slowakei und heißt übersetzt, gebt die Töpfe zum Flicken.

Als sie klein waren riefen sie einander zu:

„Der fangt, der fangt!"

Sobald all die fröhlichen Kinder, ihn sahen, rannten sie blitzschnell davon und daheim schauten sie dann gespannt hinter der verschlossenen Tür durchs Schlüsselloch, lauschten und beobachteten die unheimliche Erscheinung auf Tritt und Schritt genau. Daheim erzählte der Vater dem kleinen Josef die Geschichte vom reich gewordenen Rastelbinder: „Da ist einmal ein Rastelbinder in Frischau gewesen, der seinen kleinen Buben auf Wanderschaft mitgenommen hatte und der Bub kletterte auf einen Kirschbaum und stahl eine Menge Kirschen. Ein aufmerksamer Feldhüter erwischte ihn und sperrte den Bengel für kurze Zeit hinter Schloss und Riegel. In der Frühe fragte man ihn, ob er nicht lieber hier bleiben wolle, weil Rastelbinderfamilien fortwährend unterwegs seien. Er entschied sich zu bleiben, hütete erst mal Schweine, später Kühe und dann fuhr er mit Ochsen und Pferden, bis ihn als erwachsener Mann ein Graf zu seinem Leitkutscher nahm. Weil er zu einem feschen und anständigen Burschen heranwuchs, verliebte sich eine märchenhafte Grafentochter in ihn und aus dem Rastelbinder wurde ein großer Herr von Camel. Später hatte er sogar seinen eigenen Hofnarren, der ihm die Meinung sagen konnte und ihn mit Lauskerl beschimpfte, dass ich es beim Mauern in Frischau mitbekam. Der Narr zerbrach sogar Ziegeln und warf sie seinem Herrn nach."

Nun aber zurück zu jenen Kinderjahren. Wenn die Kirchenglocken läuteten, rief die Mutter zum Essen. Besonders freute sich Josef schon damals auf all seine Heimatspezialitäten, die saftigen Kirsch-, Marillen- oder Zwetschgenknödel zu den verschiedenen Jahreszeiten. Andere Spezialitäten waren die Topfen- und Powidltascherln. Aber auch Buchteln, gefüllt mit Powidl, für die man den Teig leichter rührte als beim in Hefe gemengten Knödelteig, den man zum böhmischen Hefe Knödel knetete und meist sonntags mit Weinkraut und Fleisch servierte.

Ebenso gehörte der sonntägliche Kirchgang dazu, der schon damals einen besonders feierlichen Eindruck auf Josef machte.

Für die Armen hatte seine Mutter wohl immer ihren Kreuzer in den Klingelbeutel hineingesteckt, denn sonst hätten die Leute nicht die Mutter nach der Kirche angehalten und belehrt:

„Gebt nichts in den Klingelbeutel hinein, der Pfarrer hat nichts davon. Der Klingelbeutel ist verpachtet.“ Na, wie die Pacht in Wirklichkeit aussah, das wusste seine Mutter nicht, trotzdem ließ sie es von da ab bleiben.

Auch sie hatten wenig und das Geld seiner Eltern reichte damals gerade um überleben zu können und nicht mehr. Neben den Eigenerzeugnissen mussten die Grundnahrungsmittel hinzu gekauft werden und so hätte es mit den Bedürfnissen eigentlich besser werden müssen, stattdessen – Klage. Auf einmal sagte die Mutter, Wochen später: „Hab ich Salz braucht, ein Kreuzer hat gefehlt, hab ich Essig braucht, ein Kreuzer hat gefehlt, bin ich um etwas anderes gegangen, immer scheiterte alles an der einen Münze.“ Von da an legte die Mutter das Geld wieder in den Opferkasten, der Kreuzer fehlte nirgends mehr und das Geld reichte fortan wieder für alles, was sie brauchte.

Das mit der Verpachtung beschäftigte selbst den kleinen Josef noch lange, aber er nahm an, dass der Kirchendiener einen Teil der Spende gestohlen hatte.

Wenn uns heute aus der Welt von damals erzählt wird, dann verstehen wir das oft nicht, weil uns die idealistische Weltanschauung allzu oft verloren gegangen ist. Da war der Pfarrer in der Kirche noch derjenige, dem die größte Ehrfurcht galt und der als höchster Vertreter im Dorf gleich nach dem Herrgott kam. Erst danach kam der Bürgermeister, Oberlehrer, Gendarm und das andere Geleit. Freilich hörten sie auch vom Kaiser Franz Joseph und Wien etwas, aber wer konnte sich von den Kindern davon schon recht eine Vorstellung machen. Da sind ja nur wenige hingekommen. Sie wussten ja nicht einmal wie eine Zeitung ausschaut, so war eben ihre gute alte Zeit, aber wer brauchte dieses Wissen schon in jener glücklichen Kinderzeit, des schönen Donaureiches.

In Böhmdorf lebten die meisten Menschen von der Landwirtschaft. Pferde hatten nur reiche Bauern, hatte jemand aber eine Kuh, dann war das auch schon etwas. Sie waren so arm, dass sie selbst das nicht einmal besaßen.

Josefs früheste Erinnerung 1894 reicht bis in sein zweites Lebensjahr. Merkwürdigerweise weiß er heute noch, wie ihn die Mutter mit zwei Jahren auf den Bauernwagen setzte, der von einer geliehenen Nachbarkuh gezogen wurde. „Hüh hot" und die holprige Herbstreise auf die Felder begann. Der Vater, der schon tüchtig schuf, hob ihn am Ende der Fahrt herunter, wo er wieder sich selbst überlassen blieb. Der Vater wandte sich etwas weiter zur Mutter und begann zu arbeiten.

Verspielt formte Josef die Erde, legte sich zwischen die lustigen Furchen, blickte verträumt zu den weißen Wölkchen am tiefblauen Himmel empor, sah furchtlos und abwechslungsweise zur Kuh und rief: „Schekel komm!" Gerade in diesem Moment fuhr ein völlig unerwarteter Schrecken, wie ein böser Blitz hernieder. Mit verschlagener Sprache sah er gerade noch die in Trab geratene Kuh. Füße des mächtigen Tieres trampelten über seinen schmächtigen Leib wie ein Ungeheuer hinweg. Einen Augenblick später wurde er unaufhaltsam von einem Wagenrad erfasst. Der Wagen überfährt seinen Leib und bleibt Sekunden regungslos stehen. Josef lag hilflos, weinend und schreiend vor

Schmerz und Schreck da. Dann war er bewusstlos. Am nächsten Tag war das heilige Schutzengelsfest, wie er später erzählt bekam. Seine Mutter ging zum Gebet, während der Vater wegen ihrer Nachlässigkeit, laut schimpfend, hinterher stiefelte. In der Kirche legte sie ein gutes Wort bei seinem Schutzengel ein und betete fest und eindringlich. Daheim stellte sie Josef, nachdem er ausgiebig geschlafen hatte, wieder auf die Beine, fragte besorgt, ob ihm noch etwas weh tut und er verneinte es befreiend. Gott sei Dank blieb er verschont, da ihn sein guter Schutzengel schon damals, in jenen ersten Kinderjahren schützte.

Aber auch in den späteren Jahren seines Lebens lernte er es nicht, Gefahren richtig einzuschätzen.

Der Sommer 1898 zog ein, die Kinder sprangen und tollten bis in den frühen Herbst barfüßig über den staubigen Boden. Was gab es an heißen Sommertagen wohl herrlicheres für sie, als das Wasser. Josef saß einmal auf der Teichmauer und warf verträumt Steine in das Wasser. Einmal aber siegte die Schwerkraft, da wollte er noch mit dem Gleichgewicht kämpfen, verlor es und fand sich in der kühlen Nässe wieder. Weit und breit war kein Mensch, er rang um Atem und gluckerte in die Tiefe. Mit dem Wasser kämpfend, schwand er von der Welt des Sichtbaren, doch da verriet sein Sonnenhut das Unglück und sein älterer Bruder, der ab und zu, ein Auge auf ihn werfen sollte, stürzte schnell ins Wasser und rettete ihn gerade noch vor dem Ertrinken.

Ähnliches Missgeschick wurde Josef auch mal im Winter zum Verhängnis. Draußen herrschte eine Eiskälte, Zäune, Häuser und Äcker waren zumeist in weiße, runde Schneepolster gebettet, der Atem dampfte und am tiefgefrorenen

Teich hackten Männer die starke Eisschicht zu Schollen, die sie an Fleischhauer verkauften, damit in den kalten Kellern auch im Sommer das Fleisch, statt in Tiefkühltruhen, eisgekühlt blieb. Hernach sammelten sich Kinder um das offene Wasser.

An die abgehackte Eiskante stellten sich in ihrem jugendlichen Leichtsinn natürlich alle gern, um die Mutprobe zu bestehen. Josef konnte der Versuchung nicht widerstehen, rutschte glatt weg, flog in das offene, eiskalte Wasser und kletterte krampfhaft, mit nasskalt schweren Kleidern heraus. Zu wem hätte er laufen sollen? Zum Vater oder zur Mutter? Nein, das traute er sich nicht, es hätte nur Prügel gegeben. Er lief schlotternd mit einem Kameraden in einen warmen Stall, von dort erreichten sie den Heuboden, wo er sich heimlich einen Platz verschaffte. Da droben hielt er sich Stunden im Heu verschanzt. Als Hemd, Hose und Jacke ziemlich trocken waren, sprang er unbemerkt nach Hause.

Kinder der Heimat

In jenen Jahren fuhren die ersten Räder. Welch eine Freude für Kinder, wenn so ein Radler daher fuhr, die so rar in den Straßen auftauchten. So ein großer Herr! Aber ehrfürchtigen Respekt davor, das hatte wohl kaum jemand. Jeder schaute, lachte und rief im tiefen Dialekt: „Filitschibee." (Radfahrer) „Filitschibee, reck, n Orsch in'd Höh!" Genau so schnell, wie plötzlich in den Straßen des Dorfes ein Mensch auf dem Zweirad erschien, musste er flüchten, um sich noch heil aus dem Staub zu machen. Denn schon sprangen fröhliche Kinder mit Geschrei hinterher und schleuderten Steine nach. Ein kleiner Seltenheitswert war das schon, ganz zu schweigen von einem Automobil. Das sah man derzeit vielleicht sogar nur einmal im ganzen Jahr. Noch etwas neues geschah im Sommer des gleichen Jahres auf der Straße. Aus der Ferne kündigten sich Trommelschläge an, was wohl der Anlass für eine Verkündigung bedeutete. Eine Bekanntmachung tönte schließlich durch Straßen und Gassen, aber erstarb verständnislos. Erneut vibrierte es, sie hörten Trommelschläge und schauten, wie ihre Nachbarskinder, lustig auf die Straße und warteten gespannt. Eine undeutliche Stimme ihres Dorfgendarm erklang:

„Die olden Kreuzer werden nicht mehr gelten, heute noch, morgen und nimmermehr!" Dann trommelte er aus, rief wieder: „Heute, morgen und nimmermehr!“ Leute blickten einander verständnislos an.

„Wos, wos?“–„Wos woaß i“, fragten die Alten untereinander. Der Bürgermeister hatte den Beamten der kaiserlich und königlichen Monarchie beauftragt, er solle die Kreuzer aus trommeln mit heute und nimmermehr, doch er ließ sie morgen auch noch gelten. Dieser alte Gadowsky, so hieß der Gendarm, konnte nicht mal lesen und schreiben. Im Winter kam er besonders gern zu einem Plausch mit dem Vater zusammen, was die Mutter besonders ärgerte, wenn das Essen bereits auf dem Tisch stand. Und in tiefschwarzen Nächten war es seine Aufgabe die wenigen Straßenlaternen, die damals Mißlitz erhellten, anzuzünden. Seit undenklichen Zeiten herrschten Kreuzer und Gulden, die trotzdem noch lange beim Kauf zählten. Der Staat führte nun Kronen und Heller ein, die eingeführte Krone, erhielt den Gegenwert von einem halben Gulden. Die Umstellung brachte langfristig nicht nur den Abschied von den mehrere Jahrhunderte gültigen Kreuzern und Gulden, es war zugleich ein Abschied von der Silberwährung.

Deutlich erinnerte sich Josef an seine ersten Schultage des gleichen Jahres. Die Kinder trafen sich meist rechtzeitig auf dem Schulhof und spielten lustiges Fangen. Einmal musste Josef fangen, so jagte er lange Zeit hinter einem Mitschüler her, der stolperte in der Eile, flog und schlug sich die Stirn an. Ein Mitspieler beobachtete das Geschehen und verpetzte ihn prompt laut rufend den Anderen: „Der Schulz hat ihm ein Loch gemacht, der Schulz hat ihm ein Loch gemacht!“ Dabei floss nicht mal Blut aus dem Kopf und der Verräter hatte gleich ein Loch daraus gemacht. Das peinliche Aufsehen machte natürlich genau so wenig vor der erregten Lehrerin, Fräulein Fohrmann halt, so strafte sie Josef mit einer Stunde nachsitzen. Sein Unterricht dauerte bis 11 Uhr, ihrer bis 12 Uhr, so nahm sie ihn mit in ihre Mädchenklasse zur weiblichen Handarbeit. Ausgerechnet in der Klasse musste seine Schwester sitzen, welche die Hoffnung, auf naive Notlügengeschichten, daheim schwinden ließ. Da war es so, vor ihm stellte ein anderer Schüler etwas an, den die Lehrerin nach der Schule zu sich in ihre Wohnung mitnahm und ihn bis in die Dunkelheit behielt. Dass sie mit ihm keineswegs anders verfahren würde, glaubte er als todsicher und in der mystischen Finsternis alleine Heim zu springen, das stellte er sich unheimlich erschreckend vor. Daraufhin ließ er einfach den Nachmittagsunterricht sausen, versteckte sich heimlich vor dem Schultor und beobachtete aus einem Winkel, die verspielten Scharen von Schulkindern. Plötzlich schreckte ihn, völlig unerwartet, eine tiefe Stimme aus dem Nichts. Im selben Moment zuckte er zusammen. Als er zu ihm aufsah, stand vor ihm der strenge Nachbar, dessen weit aufgerissene Augen prüfend auf ihn herab starrten.

„Du gehst noch nicht zur Schule?" er log und dachte, der Nachbar weiß noch nicht, dass er schulpflichtig war. Doch erkannte der Nachbar sein unsicheres Auftreten, dessen Absicht und ging zu seinen Eltern. Nach einer Weile kam die Mutter, um ihn in die Schule zu stecken.

Mit aller Kraft zerrte sie an ihrem Sohn herum, Josef sträubte sich gewaltig, in die Schule zurück zu zerren gelang ihr nicht. Die extern zwingenden Strafbesuche bei Lehrern nannte man in Südmähren „aussitzen," aber sonst blieb Josef glücklicherweise davon verschont.

Schon in der ersten Klasse hat man versucht die Schulkinder zu langweiligem Gehorsam heranzuziehen. Wenn der Lehrer seine Rede schwang, hieß es, Hände auf die Bank. Das bedeutete, Hände nebeneinander vor die Tischkante legen. Vor ihm saß ein Mädchen, wie die meisten Mädchen ihrer Zeit trug sie zwei geflochtene Zöpfe, die lustig vom Kopf weg standen. Da sah er schon lieber zu Tintenfass und Zöpfe, anstatt dem Lehrer zu folgen, denn wenn sich dieser mit dem Rücken zu ihm drehte, verschwand ein Zopf-Ende für kurze Zeit im Tintenfass, und die anderen Mädchen verpetzten ihn nicht einmal. Gerne ließ der Lehrer das Staberl auf die Fingerspitzen seiner Schüler sausen, wenn der Eine oder andere nicht recht aufpassen wollte. So lasen sie im Deutschunterricht einmal Übungstexte, bei einem sehr strengen Lehrer und wenn dieser „genug" sagte, dann flog sein unheimlich ernster Blick über die Köpfe seiner Schüler hinweg und schaute, wen er aufrufen könnte. So spürte er gewöhnlich jene auf, die schlecht lasen, oder solche die keine Acht gaben. Ihn hatte er nie aufgerufen, obwohl er gerne gelesen hätte, bis er drauf kam, dass diejenigen, die nicht wussten, wo sie lasen meist mit dem Finger in der Schrift suchten und das versuchte er provokativ und synchron mit den anderen. Sogleich hatte ihn der Lehrer ertappt: „Schulz!" er las zwei Wörter, schon sprang er über zum Nächsten. Er begann erneut vorzutäuschen, als plötzlich die gewaltige Stimme wie Donner seinen Namen nannte, dass er völlig erschrak und nicht weiter wusste.

„Aha! ... Hand her," röhrte der Lehrer. Das Staberl stürzte ungeheuer wuchtig auf die Fingerkuppen herab, dass es sehr schmerzte.

Nicht selten schnitzten Buben dem Lehrer eine unscheinbare Kerbe in sein Staberl, so dass es bei allzu festen Schlägen auseinanderbrach und die Luft wirbelnd zerschnitt. Ja, die Lehrer prügelten oft. Wenn sie erst einmal jemanden erwischt hatten, dann gingen sie ins Nebenzimmer und es gab eine Tracht voll Prügel, dass es den Leidenden lange in Erinnerung blieb.

An manchen Tagen versanken die Gedanken, träge schlenderte Josef aus der Schule. Ruhe war eingekehrt, der tosende Lärm der Schulkinder hatte sich in den Straßen und Gassen verlaufen. Aus diesem stillen Glück, das ihm ganz selten auf dem Schulweg beschieden war, schritt er an den kleinen Höfen und Toreinfahrten der Kleinhäusler und Bauern bis zum Elternhaus. Jäh fuhr es ihm eiskalt vor Schreck durch Mark und Bein. Bissig und tollkühn lag der Nachbarhund auf der Lauer und bellte wütend aus der Torspalte. Er wollte mit aller Kraft seinen schlanken Körper durch die Spalte zwängen und gerade das missglückte.

Kein Wunder also, wenn die Kinder diese Stelle fürchteten. Durfte der Hund hinaus, war er brav, wehe aber, wenn ihn jemand einsperrte. Einige Wochen später entkam er doch dem Tor und sprang zum Albrecht, zwei Häuser weiter, denn dieser besaß eine Hündin.

„Warte nur, dir werden wir es geben," erklärte Josef und sein Freund Heinrich Albrecht, stimmte ihm nickend zu. Mit Peitschenknall jagten sie dem Hund nach. Dieser stob natürlich blitzschnell davon. Es war Sommer, die Türen standen einladend offen, der Hund wusste nicht recht wohin, so floh er zu einem alten, von den Kindern gefürchteten Bauer, dem Holubarsch.

„Hm, was jetzt nur?“ Seit Tagen lag der Greis Holubarsch im Bett und glaubte, er müsse sterben. Ehe es wirklich kalt über ihn kommen sollte, drangen sie unerlaubt in die Schlafstube des fremden Hauses. Tatsächlich hatte sich der Hund dort hinein verschlagen und unter dem tiefsten Bettwinkel des Sterbenden verkrochen. Sie horchten lauschend in die Stille. Der Greis knurrte etwas das keiner verstand, so borgten sie den am Bettrand angelehnten Stock, der sonst nur zum Rufen seines Weibes diente, trieben damit den Köder hinaus und versuchten selbst, ganz schnell zu verduften. Denn wer traute schon dem Holubarsch, der vielleicht nach Kindern greifend, auf einmal wieder zum Leben erwachte. Ein Gauner war er sein Lebtag gewesen, geradezu lächerlich klang sein Name, wenn man bedenkt, dass er auf deutsch übersetzt sinngemäß „Taubengesicht“ heißt. Wer kannte nicht jene Geschichte vom alten Holubarsch, die in ganz Mißlitz das Aufsehen der Leute erweckte.

Seine Geschichte erzählte den Kindern der Vater einmal, wenn die Abende, nach einem arbeitsreichen Sommer länger dunkel und gemütlicher waren.

Jeweils donnerstags hielten die Bauern Wochenmarkt. In Mißlitz war der größte Fruchtmarkt, von Wien bis Brünn. Das ließ sich der herrschaftliche Gutsherr Stummer bei klirrender Kälte mit seinen gewaltigen Erträgen nicht entgehen und erschien jedes mal persönlich. Tief im schwersten Mantel vergraben stand er dampfend da, er der Reichste unter den Bauern. Seine Hände, an denen ein goldener mit Edelsteinen bestückter Ring in die winterliche Morgensonne blitzte, öffneten die leicht aufspringenden Knöpfe. Mit einer Bewegung stieß er seinen Pelzmantel ab und streifte ungeachtet, den Ring von sich, so dass er vom ersten Schreck zerstört Taschen und Boden absuchte, nichts fand und sprach: „Wer mir den Ring bringt, bekommt einen ganzen Sack voll Weizen“. Menschen stürzten wie scharrende Hühner herbei, der Ring schien unauffindbar, als wäre er weggezaubert. Am Mittag war der Marktplatz wie leergefegt, die Händler, Bauern und Verkäufer verschwunden. Nur einer, der Holubarsch, stand als wäre er in aller Verlassenheit versteinert, mitten auf dem großen Platz, blickte verstohlen um sich, setzte den Fuß zur Seite und ergriff den goldenen Ring. Er brachte die Beute siegessicher zu einem Uhrmacher nach Znaim und wollte das wertvolle Stück gleich zum Verkauf anbieten. Dieser versprach ihm das Geschäft und erklärte das Geld von der Bank zu holen. In seiner ungestümen Freude hatte der Holubarsch gar nicht bemerkt, dass er, der einfältige Bauer durch die klugen Augen des Uhrmachers eindringlich durchschaut war. Der Käufer kam, rascher schlug das Herz vom Holubarsch als plötzlich ein Gendarm vor seinen Augen auftauchte, ihn festnahm und einsperrte. So wanderte der alte Holubarsch noch in seinen alten Tagen in das Gefängnis.

Josefs Vater wusste immer etwas zu erzählen, wenn an langen Abenden, das wenige Licht der Petroleumlampe düster die Stube ausleuchtete. Sein Vater war groß, hager und hinkte immer etwas. Er hatte solides blondes Haar, seine blauen Augen wirkten etwas melancholisch und seine Gestalt war robust und von kräftiger Natur.

Seine Mutter, eine geborene Kudrna, was aus dem tschechischen ins deutsche übersetzt „die Lockige“ bedeutete, wandte ihr hübsches Antlitz dem Lichte zu, zupfte und schliss Gänsefedern. Immer, wenn sie zu den Kindern aufsah, glitzerte aus dem schmucken hellen Blau ihrer mütterlichen Augen, ein gütiger Glanz hervor, als reflektiere jener glückliche Ausdruck die ganze Reinheit ihrer Seele wieder.

Der Vater, halb im Schatten, vergnügte sich mehr an der langen Pfeife und schaute auch mal schweigend auf seine Kinder nieder.

Sie sangen Lieder, und beim gemeinsamen Abendgebet unterbrach die Mutter ihre Arbeit.

Beim Geschichten erzählen war es still und die Kinder horchten neugierig. Was mochte der Vater diesmal erzählen? „Oh je“, begann er spannend: „Im Jahre 1866 waren die Preußen da! Sechs Wochen dauerte der Krieg, dann hatte Österreich in der Schlacht bei Königgrätz in Böhmen verspielt. Die Preußen füllten ihre neuartigen Waffen schon mit Patronen, während ihre Landsleute noch immer Pulver mit dem Ladestock in die Kanonen stopften“. Und der Großvater, erfuhr Josef auf diese Weise, starb an der Cholera-Epidemie, die von den Preußen eingeschleppt wurde. Mit bangen Herzen lauschten sie weiter den Worten. Dann fiel die Rede auf die böse Stiefmutter des Vaters. Vergessene Kindheitserinnerungen flackerten in ihm wieder lebendig auf. Er sah sich mit den Kindern im Schlamm spielen, da tauchte plötzlich ein altes gekrümmtes Weib, einen Reisigbesen in den Dreck und jagte die Kinder auseinander. Man erzählte, wie sie den Vater beim Schmalzen betrogen hatte und ihre Seite besser briet, bis es der Großvater einmal sah und daraufhin alles was da brutzelte verrührte. Verflucht war sie, als hätte sie einen Bund mit dem Teufel geschlossen, Einzelheiten folgten und dann das glückliche Ende, wie in einem Märchen.

„Die böse Stiefmutter starb“, fuhr der Vater fort. Die Kinder atmeten erleichtert auf, gingen fröhlich in die Federn und schliefen sorglos in den Morgen.

Freudig denkt Josef heute noch an einen besonderen Schultag, als der Kaplan die Tür hinein stürmte und fragte, wer Ministrant werden möchte. Aus der ganzen Klasse fluteten die Finger in die Höhe. Das war nicht so, wie heutzutage. Alle riefen in dem lauten Durcheinander: „Herr Lehrer, hier!“ Außer Josef ...., er traute sich zunächst nicht, wusste ja nicht, ob es seine Eltern erlauben würden, dabei war sein großer Bruder auch Ministrant, wie dieser aber erst später erzählte. Nach unschlüssigem Zögern hob er doch den Finger und sogleich rief ihn der Geistliche als erster von den beiden Auserkorenen auf. Zur Bewährung erhielten sie ein Büchlein, darin stand die lange Ministratur, die auf lateinisch in 14 Tagen gelernt werden musste. Als die Eltern es erfuhren, schienen sie höchst erfreut. Nach zwei Wochen beim sonntäglichen Kirchgang erwischte ihn ein älterer Ministrant, überprüfte ihn vor den Augen des Pfarrers und wies ihn in die begehrte Arbeit ein, wozu der tägliche Kirchgang, sowie das Versegnen und das Dienen bei Begräbnissen zählte, an denen es gelegentlich ein paar Heller gab.

Aber bald sorgte etwas anderes für großes Aufsehen in Josefs Welt. Da kamen eines Tages Leute zu Gast in die Schule und sprachen aufgeregt miteinander. Ein Unglück war geschehen. Josef lief von der Schule nach Hause und verkündete bestürzt: „Der Brustmann ist vom Gerüst am Kirchturm hinuntergefallen und hat sich das Kreuz gebrochen!“ Das war ein bekannter Maurer zwei Häuser weiter.

So hatte der Lehrer in der Schule gesagt: „Wenn er sich das Kreuz gebrochen hat, muss er sterben.“ Der Lehrer weiß wohl viel, zum Glück aber auch nicht alles, dachten sie Kinder und glaubten ihm nicht. In den darauf folgenden Tagen erkundigte sich der Lehrer jedes mal wie es dem Brustmann erginge. Und die Kameraden ließen Namen, von denen, die ihn besucht hatten, verlauten.

„Wenn er das Kreuz gebrochen hat, so muss er sterben“ und richtig, am achten Tag ist er gestorben. So erfuhr Josef also, kaum dass das Leben begonnen hatte, wie Menschen vom Leben Abschied nehmen.

Festliche Feiertage

Aber auch freundliche Tage gab es. Zum Kirchweih waren alle Dorfbewohner auf den Beinen, die Musik spielte von früh bis spät, während auf der im Freien aufgestelllten Tanzfläche die älteren Burschen mit den Mädchen, tanzten. Die Mädchen tanzten in ihren alten, breit umsäumten Röcken, Kirchenfahnen wehten in den klaren, abendlichen, frühherbstlichen Wind und die geschmückten Geländer verliehen einen wohl ersehnten, festlichen Glanz.

Die alten Bauern saßen auf den Bänken, tranken, lachten und sangen, solange es das Herz begehrte und die Buben rauften miteinander, wie es der Brauch verlangte oder probierten mit den Mädchen erste Tanzkünste.

Zur Kirchweih gehörten allerhand Dummheiten, es war in den frühen Jugendjahren, sie balgten, tranken und zum ersten mal taumelten sie mit einem dicken Rausch davon. Zusammen mit den Anderen, beschloss Josef auf dem Heuboden zu nächtigen und so zogen alle zusammen los. Der Herbst war vorgedrungen, brachte den ersten Frost, so dass er frierend vor Kälte erwachte. Er holte Decken, aber es dauerte noch lange bis ihn die Wärme vollständig umhüllte.

Josef erwachte am frühen Morgen, blickte sich um und wollte den Hochstadel gerade verlassen, als er beim Aufstehen beinahe erstarb. Es war ihm kaum möglich aufzustehen, deshalb blieb er hilflos am Boden liegen, denn ein furchtbarer Stich durchdrang seine Brust und reichte bis zum Herzen. Kälte und Wärme durchfuhr ihn zugleich.

„Lungenentzündung“, das war das Anzeichen, so wusste er es von anderen. Bloß nicht rühren dachte Josef, griff aber noch nach Decken, schlug sie auf und verbarg sich bis zum Hals. Er strebte danach wie ein Toter dazuliegen. Die Hitze unter der Decke schwoll unerträglich an, der Schweiß trieb kräftig und das wirkte. Kaum jemals verging die Zeit so langsam wie in diesen Stunden, doch am späten Morgen waren die nächtlichen Qualen, einer drohenden Lungenentzündung schnell vergessen, draußen blendete die morgendliche Sonne in den ersten Frost hinein aber ihre herbstlichen Strahlen trugen keine Wärme mehr in sich.

Am 4. Oktober jedes Jahres weihte herbstliches Glockengeläut den Morgen ein. Wie selbstverständlich hatten sie schulfrei, jeder erschien an diesem Morgen auf dem Kirchplatz. Die Bauern und Kleinhäusler aus der Umgebung kamen aufgeputzt, in ihren sonntäglichen Kleidern, von ihren Höfen. Feierlich zogen alle in die Kirche ein, der Chor sang fröhlich, alles schien im Glanz vieler Kerzenlichter strahlend erhellt. Andächtig und gottesfürchtig wurde so jährlich der Namenstag von Kaiser Franz Joseph gefeiert, dem man in ganz Österreich gedachte. Das alte Österreich war eben keine Nation, sondern vielmehr Religion.

Besonders an die Karfreitag Mysterien und Ostern erinnert sich Josef gerne, wie sie als Ministranten ständig im Einsatz waren.

Am Karfreitag verriegelte man das große Kirchentor. Dahinter errichtete man das Heilige Grab, vor dem die Ministranten immer knieten. Kreuze lagen auf dem Boden, die ehrfürchtig geküsst wurden. Den ganzen Tag über strömten Menschen herbei, die den Leidensweg Christi vertieften und selbst ihre eigens auferlegten, Fastenopfer vollbrachten. Zeitweise waren Vorbeter da, das Heilige Grab war wie damals von römischen Soldaten umstellt. Tag und Nacht schoben Veteranen Wache, die zeitweise abgelöst wurden.

Statt Glockenklang, der am Gründonnerstag nach dem Gloria bis Ostern schwieg, war es wie vielerorts der Brauch, dass die Messbuben mit der fahrbaren, hölzernen Ratsche durch die Straßen klapperten und in lautem Dialekt von Haus zu Haus riefen:

„Basel, Basel (Mütterchen) bitte dich goar scheen, gebt's a rot's Ei, habt's ka rot's, gebt's a weiß."

Da waren Burschen, die schon in aller Frühe vor der Heiligen Messe mit dem Garabatsch (geflochtene Rute) an die Türen schlugen um ein Ei zu erbetteln, obwohl die Menschen noch schliefen. Der Vater konnte das nicht leiden, stürmte hinaus und schimpfte jedes mal:

„Du Lauskerl, warst schon in der Kirche?" Ab Karfreitag durfte dann nicht mehr geackert werden um den Herrn im Grabe nicht zu beunruhigen. Ebenso unterließ man jegliche Arbeit mit Marterwerkzeugen, deshalb polterten gerade an jenen Morgen Bauern mit blechernen Walzen nach der frischen Saat auf die Felder.

Bis am Mittag des Karsamstages schien die Welt eine andere, dann gingen alle, die Füße hatten, mit frisch gewichsten Schuhen, in den besten Kleidern zur hoch-feierlichen Auferstehung. Hinter dem Grabe leuchteten strahlende Regenbogenfarben in herrlichem Glanz, davor das Allerheiligste in Gestalt der Hostie von Gold umhüllt. Zum Gloria fielen die Glocken ein, alle zogen fröhlich aus der Kirche. Draußen war es noch hell, die gesamte Musikkapelle war aufgezogen, Trompeten, Flügelhörner und Posaunen fielen laut und kräftig in die Melodie ein. Der Pfarrer nahm die Monstranz unter den Baldachin. Die ganze Gemeinde strömte in einer endlos scheinenden Prozession aus der Kirchentür und stimmte jubelnd das Osterlied (3) an:

„Christus ist erstanden,
von den Todesbanden,
steht er frei aus seinem Grab,
sieht er mit Triumph herab.
Lasst uns ihn erkennen,
Herr und Gott ihn nennen.“

Die Prozession ging durch den Ort und endete wieder in der Kirche. Nachdem die Predigt beendet war, dröhnte ein gewaltiges Zusammenspiel von Orgelton und Stimmenklang. Ein Dorfbub, trat den Blasebalg auf und ab. Der Organist sah zur Wandlung durch eine kleine Öffnung zum Hochaltar, sprang den Glockenturm über dem Eingang hinauf, schaute jedes mal durch die Luke auf den Kirchplatz hinaus und läutete am Glockenstrang, damit die Menschenmenge draußen zu rechter Zeit beten konnte. Die heiligen Messen waren immer so überfüllt, dass sich noch auf dem Kirchplatz eine riesige Menschenmenge bildete. Manchmal sammelten sich die Menschen halbtags an Sonntagen in der Kirche und lauschten den von der Kanzel herab donnernden Worten einer guten, starken Predigt. Wenn Josef ministrieren ging, traf er zuerst mit den anderen im Pfarrhaus zusammen, denn dort war beim Pfarrer die gute Paula, die hatte immer einen kleinen Messwein-Trunk für ihre Buben bereit. Die war brav, –sie konnte nur böhmisch reden. Etwas melancholisch sagte sie eines Tages, dass sie fortginge nach Prag und das überstieg wohl Josefs damaligen geringen Horizont von der großen Welt draußen, dass er herausplatzte:

„Oh je, oh je, das ist weit, weit!" Noch lange dachte er an diese herzensgute Paula zurück und wenn der Wein einmal ausgegangen war, dann bekamen sie stets eine andere Gabe, nämlich leckeres, süßes Obst aus dem sonnig gelegenen Pfarrhof.

Aber bald wurde diese Welt größer. An Fronleichnam des Folgejahres kamen die Bewohner aus Knönitz, das ist die Ortschaft daneben, zur Prozession nach Mißlitz, denn sie hatten keinen Pfarrer. Das war am Donnerstag, am Sonntag fragten die Ministranten, ob er mit ihnen nach Knönitz dürfe und die Eltern erlaubten es. Fröhlich zogen sie in morgendlicher Frische über die sanften, mit Getreide übersäten, Hügel und leuchtend blühenden Kleefelder zum ersten mal hinaus in die große Welt. Knönitz lag am Lande, ein kleines Bauerndorf über dem Hügel drüben mit wenigen Hausnummern und einer kleinen Kirche, von dessen kleinem Kirchturm seltsam zimperlich ein Bimmeln herüber klang. Als sie fast angelangt waren und die Glocken noch immer merkwürdig tönten, stürmten sie jubelnd den Kirchturm, jagten den untauglichen Messbuben augenblicklich vom Glockenstrang, hängten sich in die Seile und läuteten dröhnend laut mit beiden Glocken zugleich, so dass auch wirklich alle pünktlich zur Prozession erschienen.

Noch etwas wunderliches fiel Josef in der Fremde auf. Er sah neben der Kirche einen großen Schlosspark und einen Teich mit viel Wasser drin, von dessen Oberfläche munter ein lautes Froschkonzert aufstieg. „Quak, quak, quak quak, quak... .“ er meinte:

„Daheim schreien die Kröten grrrrr, krrrö... grrrhe... .“ Dabei gab es bei ihnen keinen einzigen Frosch, drum dachte er, Mißlitz war noch deutsche Ortschaft, Knönitz dagegen böhmisch, deswegen schreien die Kröten auch anders. Nachdem die Feiern beendet waren, wanderten die Kinder glücklich nach Hause und Josef erzählte der Familie, von sich selbst völlig überzeugt: „In Knönitz schreien die Kröten nicht wie hier, sondern quak, quak.“

Streifzüge durch Südmähren

Das österreichische Militär hielt hin und wieder in der näheren Umgebung Manöver ab und Vater Albrecht hatte auch Soldaten einquartiert. Er selbst war sehr oft bei seinen Streifzügen durch den Wald mit seinem Jagdhund auf der Pirsch. Es schien aber auch von Seiten der militärischen Gäste viel Verständnis für seinen Hund aufzukommen, denn sonst wäre dieser den heimkehrenden Soldaten nicht einfach nachgelaufen. Der Hund war schon seit Tagen verschwunden und durch Zufall, man wusste nicht wie, erfuhr Vater Albrecht, der Hund sei in Moskowitz. Es war im Sommer und zusammen mit zwei Buben, die den gleichen Wunsch hatten, beschloss Josef loszuziehen. Eine beträchtliche Belohnung stand aus.

„Wenn sie nach Kaschnitz kämen, würde man bestimmt Moskowitz sehen,“ meinte er und schon wanderten sie in ruhiger Selbstverständlichkeit tapfer in den sonnigen Tag, südwärts. Damals war er gerade neun Jahre, der andere acht und der Dritte im Bunde noch nicht mal sechs. Der Weg führte durch große weizenblonde Getreidefelder und die Ähren wogen sich im Winde. Mähren war ja die Kornkammer der ganzen österreichisch – ungarischen k. und k. Donaumonarchie.

Fröhlich erreichten die Kinder das kleine Bauerndorf Kaschnitz und schließlich zog es sie weiter in das nächste Dorf. Aber am Ortsausgang sah man nicht nach Moskowitz, die segensreiche Frucht ragte weit zum Himmel empor, so dass die Sicht für ihre kleinen Körper versperrt blieb. So gab es keinen Anhaltspunkt, trotzdem fanden sie sowohl Moskowitz, als auch den Hund wohlbehalten vor. Heimwärts brauchte sich niemand sorgen, da nämlich führte sie der Hund seiner Nase nach. Mutig leistete sich jeder auch etwas besonderes, denn zu dritt ergab es fünfzehn verdiente Kreuzer, so kauften sie sich zwei Flaschen Bier, für fünf Kreuzer drei Semmeln und für einen Kreuzer Zuckerwerk. Das Bier schmeckte natürlich keinem, obwohl es ein Vermögen kostete. Kostbar schien es wohl für Erwachsene, darum schwappten sie den letzten Tropfen mit viel Wasser aus, damit ihnen nichts verloren ging.

Kaum waren sie daheim, brachten die Tage im Elternhaus ihre Aufgaben mit sich. Auch an Schultagen war es geradezu Josefs Pflicht geworden für frisches Wasser zu sorgen. Mit welch großer Anstrengung zog er das stille Wasser aus der kühlen Tiefe des Brunnens ans freundliche Tageslicht herauf. Auch das schleppen war nicht ganz einfach für seinen noch nicht ausgewachsenen Leib, aber entfaltete die Sonne schwüle Wärme, dann brachte das kalte, prickelnd frische Wasser eine wohl belebende Abkühlung. Nachmittags trieb er eine Gänseschar vor sich her. Er hütete die schneeweißen, watschelnden Tiere und führte sie hinaus. Besonders im Herbst, sobald das Getreide abgeerntet und die Körner zerstreut waren, gab es für die hungrigen Langhälse ein vielfältiges überreiches Nahrungsangebot.

Am Sonntag, der Tag des Herrn, besuchte der Vater zum Plauschen und Trinken die Wirtsstube. Und einmal, das weiß er noch gut, lief er voller Enthusiasmus heim und erzählte von einem seltsam vornehmen Gast, den er nicht kannte. Dieser aß einen Hering, obwohl dieser Fisch heutzutage alltäglich im Handel zu kriegen ist, war er daheim rar und der Vater kannte ihn nicht einmal. Wie vornehm rasch dieser Mensch den herrlichen Fisch zerlegte, faszinierte den Vater und es musste ihm wohl das Wasser im Mund zusammengelaufen sein, denn sonst hätte er seine Kinder nicht aufgetragen auch Heringe zu besorgen, welche die Mutter dann zubereitete. Es sollte ein Festmahl geben, sie hatten alle davon gegessen, gewürgt und alle daran gespuckt. Noch Jahre später, wenn sie Samstagabends nach der Arbeit Fisch aßen, fielen die Mißlitzer aufgrund ihrer Wasserabgeschiedenheit im Gegensatz zu den Flussdörfern entlang der Thaya auf, weil sie mehr Gräten spuckten, als dass sie aßen und der Großberger kopfschüttelnd sagte:

„Das ist ja furchtbar, man kann euch ja gar nicht zuschauen bei dem Essen."

Ja, so war es und den ersten richtig großen Fisch sah Josef übrigens erst mit elf Jahren, zufällig an Weihnachten und dieser war bereits nicht mehr lebend.

Als der Sommer 1904 einzog, durfte Josef mit seinem Freund Max Heinrich in den Ferien für einige Tage in die Kreisstadt Znaim.

Sein Vater fuhr sie mit der Pferdedroschke, und er sah auf diese Weise, das erste Mal im Leben, eine Stadt. Dort angekommen, mussten sie fleißig arbeiten und am Abend, wies man sie wie Knechte zum Schlafen in den Pferdestall. Josef lag die ganze Nacht wach, denn der starke Geruch war kaum zu ertragen. Am Sonntag saß der Bauer im Wirtshaus, während Josef und Max selbst Knödel und Speck zerschnitten und in einer Pfanne brieten. Sein

Freund stieg auf den Dachboden, in dem die Hühner schliefen, schlug ein Ei nach dem anderen auf und stellte fest, dass in den meisten ein halbes Hähnderl drinnen war. Von acht Eiern verwendeten sie drei, die behutsam über die Hefeknödel geschlagen wurden. Das kleine Pfännchen war ja so übermäßig voll, dass kein normaler Mensch hätte rühren können, denn sie hatten Hunger wie mächtige Bären. Dazu tranken sie frische, selbst gemolkene Milch. So verging Josefs erster Urlaub in der Fremde. Als sie endlich jemand abholte, rumpelten auf schlechten Wegen Wagenräder und klappernde Pferdehufe in die kühle Nacht hinaus. Sie schliefen auf dem Wagen so gut wie lange nicht mehr, irgendwann mitten in der Nacht fuhr Josef fröstelnd auf. Der Wagen stand still vor einem Wirtshaus, schlaftrunken lauschte er in die Finsternis. Leute gingen, sprachen miteinander und nannten es „frisch.“ Da war Josef in der Kälte halb erfroren und die Leute sagten frisch, das konnte er nicht mehr verstehen und als sie endlich wieder daheim waren wusste er das Leben wieder besonders zu schätzen.

Daheim waren die Geschwister, sie spielten aber halfen auch im Haushalt und auf den Feldern. Und kamen die Buben aus der Nachbarschaft trugen sie untereinander mächtig verspielte Kämpfe aus. Denn noch waren die Tage frei, noch hatten die Buben den Ernst des Lebens nicht erreicht.

Als die Schule wieder begann und das letzte Jahr bevorstand, wusste Josef noch nicht, was aus ihm einmal werde. Er hatte einen ungarischen Kameraden, Janosch, dieser hatte Schuster gelernt und dieser erzählte ihm bei einer Gelegenheit seine Geschichte. Dass Lehrjahre keine Herrenjahre waren, wusste er wohl, nicht aber, dass sie zu Alpträumen werden könnten. Der Lehrling musste immer und für alles einspringen. Am Abend war er, der Letzte, der gehen durfte und am Morgen war er, der Erste, der vor den Augen des Meisters antreten musste. Immer hatte er zu folgen, wie ein kehrender Besen auch beim Führen folgt. Der Lehrmeister, ein alter zierlicher Mann, seine Frau dagegen ein dickes unbewegliches Weib, die hatte jeden Morgen den Nachttopf voll. Regelmäßig musste der Lehrbub am frühen Morgen die scheußliche Schüssel nehmen, auskippen und reinigen. Nach einem Jahr gesellte sich endlich ein neuer Lehrbub dazu. Und als die Beiden pünktlich in der Schlafstube erschienen, lagen die Alten noch im warmen Nest. Über den Nachfolger höchst erfreut, dass er von jetzt an vermutlich verschont blieb, von der schmutzigen Kot Arbeit, blickte er zum Meister. Der dagegen hatte sich aufgerafft, schaute schlaftrunken drein und knurrte einäugig rüber:

„Alter!“ Das bedeutete, dass der alte Lehrbub die Arbeit verrichten sollte. Der machte verzweifelt Geschichten und begann sich vergebens zu rechtfertigen. Verärgert bückte er sich dann doch, als der unberechenbare Meister im gleichen Moment mit einem Satz völlig unerwartet ihm auf den Buckel sprang und gewaltig auf Josefs Kameraden dreinschlug, wie ihn die Welt nicht kannte. In der Wut drehte sich der Lehrbub um, nahm den schmächtigen Meister und warf ihn mit Wucht in die Ecke. Weil im Nebenzimmer die Gesellen schon schufen, sprang die aufgeregte Meisterin auf, eilte in die Werkstatt und schrie laut:

„Der Lehrbub bringt mein Mann um, der Lehrbub bringt mein Mann um...!“ Die Gesellen sprangen auf und der Lehrling gleichfalls, damit er flüchten konnte. Aber wohin?

Er ging auf die Straße und pfiff munter eine Melodie. Kurz vor dem Elternhaus schaute er auf und da –, kaum zu glauben, der Meister stand schon bei seinem Vater und der Vater drohte ihm schon mit zwei geballten Fäusten. So sprang er davon und hielt sich von nun an im Feld auf. Nachts schlief er im Stroh und tagsüber aß er von den arbeitenden Landsleuten, die täglich ihre Jausen im Freien dabei hatten. Regelmäßig gab es am Nachmittag eine stärkende Jause mit Käse und Brot, die er notdürftig raubte und so war er vierzehn Tage lang unterwegs. Einmal saß er auf dem großen Kirschbaum, aß und spuckte vergnügt Kirschsteine, als urplötzlich seine Eltern auftauchten, schimpften und bettelten: „Janosch, geh runter..., Janosch, geh runter..., Janosch, wir bitten dich, geh runter!" Die Mutter bat schön, aber er ging nicht auf sie ein. Jetzt wurde es dem Vater zu bunt, er setzte stürmisch seinen Fuß an den Stamm, aber inzwischen balancierte der Sohn waghalsig zum Astende. Aus Furcht, er könne sich in die Tiefe stürzen, blieb der Vater unten. Zu zweit redeten sie bittend auf ihn ein und versprachen, dass sie von einer Strafe absehen würden. Sich erbarmend kletterte er dann doch herunter und sein Vater fragte ihn, wie das alles eigentlich war.

„Na, ja," sagte er: „Schläge jeden Tag", wenn er einmal keine Schläge bekam, dann war er nicht gesund. Jetzt schaute sein Vater verblüffend aus: Zusammen gingen sie dann noch zum Lehrmeister. „Also, du bist der Depp," fuhr ihn der Vater an und drohte mit Himmel und Hölle, falls er sich noch ein einziges Mal was zu Schulden kommen lasse. Jener Meister stand nüchtern klein mit schlotternden Knien und dampfendem Haupt vor dem starken Vater.

Als der Schulschluss absehbar war, entschied sich Josef für Wien, wo die Welt etwas vornehmer und besser schien. So schrieb er einen Brief an die Tante nach Wien, mit der Bitte, ihm eine Lehrstelle zu beschaffen. In der Tat erhielt er schon bald Post zurück, sein Schicksal fiel auf das Goldschlägerhandwerk. Wer wusste schon, was das sein wird, aber ein wenig stolz sein konnte wohl nichts schaden. Denn er wusste, dass sein Onkel als Goldarbeiter beschäftigt war und er das berauschende Gold sogar in der Wiener Hofburg zum strahlen und blitzen brachte. Dabei erfuhr Josef Jahre später auch, wie sein Onkel in den Prachtsälen beobachtet haben soll, wie: „Kaiser Franz Joseph, während einer Ehekrise, hinter der schönen Kaiserin Elisabeth, im Volksmund Sissi, mit dem blanken Säbel in der Hand, hinterherlief, die sich in ihrer Verzweiflung flüchtend, einsperrte."

Als die Bürgerschule für Josef zu Ende ging, fragte der Klassenlehrer jeden Einzelnen was aus ihm werde. Als Josef ihm seine Entscheidung bekannt gab, schien der Lehrer etwas überrascht, denn er glaubte, dass er studieren würde. In seiner Klasse hatten sie einen Kameraden, der hatte den tschechischen Namen Gutel, was übersetzt, Ziegenbock heißt. Der Lehrer fragte ihn vor der Klasse: „Was wirst lernen?" Er brachte kein Wort über die Lippen.

„Was willst lernen?" ...Schweigen.

„No, hast schon a Lehr?"

„Jo!"

„No, was wirst lernen!" Josef hatte sich über die Geduld des Lehrers besonders gewundert, weil er beim Watschen verteilen sonst immer gleich bei der Hand war. Gespanntes Lauschen erfüllte die Klasse, bis er sich entschloss und antwortete: „Schneider!“ Da lachten alle, heißt „Gaßbock“ und will Schneider lernen.

Wien – Begegnungen mit Kaiser Franz Joseph

Wien und die Donaumonarchie, was war das eigentlich? Das kulturelle abendländische Wien war um 1900 die fünft größte Metropole der Welt und zugleich die Hauptstadt des Vielvölkerstaates. **(1)** Hier fand ein friedliches Zusammenleben von Menschen aus vielen Nationalitäten der verschiedensten Herkunft statt. Das Volk fühlte nicht wesentlich im Namen seiner Nationalität, (Volk - Nation) sondern vielmehr im Bezug zur jeweiligen Muttersprache. Das ideologisch unpolitische Denken und die daraus entstehende Freiheit, das Füreinander, die Integration ohne dabei die eigentliche Identität zu verlieren, gab dem Leben der Vielvölkerfamilie einen besonders hohen Wert in der Geschichte. Menschen, ganz gleich welcher Nation, lebten und liebten untereinander und vereinigten sich durch Heirat. Josefs Eltern waren ja das beste Beispiel dafür! Seit 1848 regierte Kaiser Franz Joseph 1 das mächtige Reich aus der Habsburg - Dynastie. Er war zum letzten großen Mythos seiner Zeit geworden. Sein Zeitalter erlebten Aufschwung und Höhepunkte in allen Bereichen, die einmalig in der Geschichte waren. Kein Monarch der jüngeren Geschichte Europas schaffte es so in den Herzen und Köpfen seiner Völker zu bleiben, trotz allen Geschichtsverzerrungen und Verfälschungen, die es auch noch nach seiner Zeit gab. Josef hatte also viel von Wien gehört, aber die Erzählungen aus Schule und Familie übertrafen wohl seine ganzen Erwartungen, so dass er glaubte in Wien laufen die ganzen stattlichen Mädchen mit dem weißen Sonnenschirm spazieren. Und nun sollte diese Stadt der Musiker und Walzer Wirklichkeit werden. Bald hätte er Gelegenheit den ganzen städtischen Zauber zu bestaunen.

Aber allzu schnell vergingen die letzten Tage daheim in Südmähren. Neugierig, aber auch wehmütig schaute er der Zukunft entgegen. Schon stand er mit dem Vater an einem strahlenden Morgen im Spätsommer 1907 auf dem Bahnsteig, ein schwarzes Ungetüm kam eingedampft und blieb schnaufend stehen. Er stieg mit dem Vater zum ersten mal in einen Zug, der sie sicher in die große Wiener Metropole brachte. Die erste Vorfreude verwandelte sich schnell, sie stiegen aus der qualmenden Eisenbahn und liefen; fremde Menschen huschten ihnen entgegen, als plötzlich die ganze Sicht in einen schwarzen Dunst tauchte. Vergebens wandte sich Josef in alle Richtungen, der Vater schwieg. Gerade wollte er reden, klarte es abrupt auf.

„Ja, so schaut`s in Wien aus, so hab ich's mir nied vorgestellt, wenn's auf mi ankämmert i tat am liabsten umdrahn und hoam," so sagte Josef dem Vater. Der ganze Rauch, sah er jetzt, kam aus dem Schornstein einer Fabrik. Sie besuchten den Onkel, der Goldarbeiter war und ihm das Goldschlägerhandwerk vermittelt hatte. Am darauffolgenden Morgen brach der Vater ohne Josef zur Heimreise auf.

Der Ernst des Lebens begann. Als er vom Fenster in die künftige Werkstatt sah, konnte er nichts freundliches entdecken, enttäuscht sah er ins Schwarze. Feiner Goldstaub flimmerte in der Luft, aus dem Inneren drangen klingende Schläge nach außen. Sie waren dann drei Lehrbuben und drei Gesellen. Die Arbeitszeit betrug acht Stunden und das war zur damaligen Zeit von überdurchschnittlicher Niedrigkeit. Die Arbeit erforderte etwas taktvolles Geschick, was sich Josef bereits daheim beim Getreide dreschen mit dem „Trischel“ (Dreschschlegel) angeeignet hatte und bestand hauptsächlich aus kontinuierlichen Schlägen des Hammers. Nach vierzehn Tagen verdiente er sich schon sein Brot, ein überaus lukratives Geschäft. Ein Geselle verdiente damals pro Tag bis zu 8 Gulden, das war ein Heidengeld für diese Zeit. Dennoch hatte Josef das Goldschlägerhandwerk bereits nach sechs Wochen satt, die Evidenz, damit sein Lebtag in der Stadt zu bleiben, wo er doch jenes Landleben so sehr liebte, war ihm zu groß.

Am Sonntagmorgen besuchte er in Wien mit dem Onkel eine heilige Messe, auf einmal eröffnete der Chor das Hochamt sich himmelwärts erhebend mit dem Kirchenlied: „Wohin soll ich mich wenden, wenn Gram und Schmerz mich drücken,“ das klang genauso wie daheim, er war ergriffen in der hintersten Bank gesessen und weinte erste Tränen, die dem Heimweh galten.

Verzweifelt bat er den Onkel und die Tante zum Berufswechsel als Schneider und sie mühten sich um eine neue Stelle für ihn. Und dies war gar nicht so leicht, denn die meisten Betriebe waren längst besetzt.

„So ein fescher Bursche,“ empfing ihn bei seiner Vorstellung besonders nett seine zukünftige Meisterin, was er nicht begreifen konnte, denn daheim zählte er nur als Lauskerl. So ging der Wunsch, ein Schneider zu werden doch noch in Erfüllung. Der Beruf selbst war in der Heimat von vielen verachtet und verspottet.

Da schickte die Meisterin einen kleinen Schneiderlehrling zum Fleischhauer, der ihn mit unerbittlicher Stimme fragte: „Na, was kriegst Gaßbock?“ Solche und andere Phrasen ließen keinen Platz für Sensibilität, sonst ging man unter.

„I ‘bin noch ka Bock, i bin erst a Böckel.“ Die Leute grüßten „mäh“ oder sangen dem Schneider ein Spottlied, dass er sich ärgerte, was sie anfangs, wenn Josef nach Hause kam, bei ihm gleichsam probierten, er sang dann jedes mal am lautesten, dass ihnen die Lust zuerst verging.

Die Arbeitszeit in der Schneiderei war straffer, länger und überhaupt glichen jene Maßstäbe mehr der Autorität des damaligen Denkens. In seiner ganzen Lehrzeit als Schneider hatte er keinen Lohn bekommen. Nur etwas dürftiges Trinkgeld konnte er sich kärglich sparen, wenn ihn die Meisterin später ausliefern schickte. Die Woche hatte sechs volle arbeitsreiche Tage, das Ausliefern geschah manchmal am Sonntagmorgen, so kam es sogar vor, dass nur der Sonntagnachmittag noch zur freien Verfügung blieb. Es war ein langes Schaffen, Tag für Tag, Woche für Woche, dass er anfangs nichts von Wien zu sehen bekam, bis ihm seine junge Meisterin ihren kleinen Sohn anvertraute, den er regelmäßig spazieren führen sollte.

Die kleine Schneiderei lag fast im Zentrum von Wien. Zum Prater war es nicht weit und als die Meisterin mit ihrem kleinen süßen Söhnchen einmal heimkehrte, war dieser ganz verzückt vom „Wurschtel“. Freudestrahlend blickte er Josef an und erzählte begeistert davon. Später kam der Meister und der sagte zu Josef, er solle mit dem Kleinen ein bisschen in den Augarten gehen. Dieser lag fünf Minuten entfernt und unterwegs kam dem Kleinen natürlich die Idee, zum Wurschtel zu gehen. Josef stimmte zu und sah auf diese Weise zum ersten mal den Prater und „Wurschtel“ (damaliges Puppentheater). Das Riesenrad, die Schieß- und herzhaften Schlemmerei- Buden, das Karussell, alles beglückte ihn so sehr, dass er von nun an so manche Wochenendtage hier verbrachte. Gleich Sonntags darauf, nahm er sein frisch gespartes Trinkgeld und versuchte sein Glück in einer Schießbude. Sein Leben lang hatte er kein Gewehr in der Hand gehalten. Dem Nebenstehenden schaute er seine Handlungsweise ab, zielte und schoss. Nach dem zweiten Treffer klingelte es. Josef triumphierte wie nach einem Siegeszug und wurde mit einer Anstecknadel geehrt, worauf er sehr stolz war. Nach und nach gewöhnte er sich an das Leben in der fremdartig, städtischen Atmosphäre. Außerdem gab es für ihn in Wien noch viel Neues zu sehen und zu bestaunen.

Die Tage wurden kalt, der Herbst bäumte sich dunkel auf, Frost und Kälte zogen über die Stadt. Einsame Tage in der Fremde, besonders an freien Tagen. Je näher der Winter kam, desto größer wurde das Heimweh. Draußen huschten die Leute von ihren Einkäufen vorüber, der Wind fröstelte ihn, hilflos stand er in der Kälte, folgte den Gängen der Menschen, die in ihre vom Ofen gewärmten Wohnungen verschwanden, während er einsam in der Kälte draußen warten musste, bis der Meister bei dem er wohnte, heimkehrte.

Welch ein Segen war dagegen Frühling und Sommer. Die Tage waren lang und warm. Man konnte in freien Stunden mit der Straßenbahn hinaus aufs Land und Dorf in den schmucken Weinlauben an wundervollen Sommerabenden sitzen, wo die Wiener alles besangen.

Die Schwester der Meisterin erzählte Josef einmal bei dieser Gelegenheit aus ihrer frühesten Jugend; da waren ein paar Dienstmädchen beisammen, die in der Tat wissen wollten wie das ist, wenn man sich aufhängt. Richtig, besorgten sie Strick, Stuhl und Balken. Ein Opfer fand sich schnell. Die Mutige stellte sich auf den Stuhl, legte die Schlinge um den Hals, schwang die Arme empor und hielt sich am Strick fest. Der Stuhl flog zur Seite, die anderen fingen an zu schreien und taten was Mädchen meistens in solchen Fällen tun, sie liefen davon. Zum Glück hatten es Leute gehört, die rasch helfen konnten und das Opfer befreiten. In ihrem jugendlichen Leichtsinn konnten sie ihre Handlungsweise nicht abschätzen.

An einem Sonntag im Jahre 1912 besuchte Josef den eucharistischen Weltkongress, für ihn wohl das denkwürdigste Ereignis in Wien, da er selbst ein überzeugter glaubender Katholik war, schien es ihm besonders wichtig, nach vierzehntägiger Dauer zumindest beim besonderen Abschluss dabei zu sein. Ein feierliches erleben, an dem Christen aus aller Welt teilnahmen. Der religiöse Kaiser Franz Joseph, den er zu diesem Anlass sah, stellte die großen geschmückten Sichtwägen. Das Ereignis war genau nach Plan eingeteilt, nach der herrlichen Eucharistiefeier, der unermessliche Menschenmengen beiwohnten, zogen bei feinem Regen zuerst die in verschiedensten Trachten aufgeputzte Vereine vorbei. Dann fuhr der große geschmückte Panoramawagen vorüber, worin auf einer Seite der Wiener Erzbischof und neben ihm, der päpstliche Gesandte, an dem Altar, vor stehender Monstranz, andächtig knieten. Der achtspännige Wagen wurde von piekfeinen Schimmeln gezogen. Danach ebenso acht Pferde, der österreichische Kaiser mit seinem Thronfolger Franz Ferdinand. Ein einprägendes Bild, bei dem sich direkt Jugend und Alter nebeneinander präsentierte. Begeistert sah Josef zu Kaiser Franz Joseph hoch, der sich zu seinem beidseitig stehenden Volk neigte. In seiner kaiserlichen Uniform mit den breiten roten Streifen an der schwarzen Hose, seinem eleganten weiß umsäumtem Antlitz, dem „Kaiserbart", spürte man jene wohltuende Ruhe und Gelassenheit eines gütigen Landesvaters.

Das ganze Volk kniete, solange die Geistlichen mit dem Allerheiligsten vorbeizogen und als der uralte Kaiser vorbeifuhr und eine Frau immer noch besonnen vor ihm kniete, erlebte ich, wie der Kaiser persönlich seinen Kutscher anhalten ließ und sie aufforderte sich zu erheben, weil nur dem lieben Gott diese Ehrfurcht gebührt.

Und dann sah ihn Josef einmal am Blumenkorso. Das war in Wien so: Am ersten Mai marschierten gewöhnlich alle Arbeiter in den Prater, was Maikorso genannt wurde und im Juni war Blumenkorso. Da fuhren die Reichen mit ihren auf Hochglanz polierten schwarzen Wägen durch die Praterstraße in den Prater. Josef ging zufällig zu Kunden liefern und musste die Praterstraße überqueren. Ein Gendarmerie-Wachtmeister zog ihn zurück, so musste er warten. Zu seiner Überraschung saß auf dem glänzenden Fiaker der grüßende Kaiser. Die Leute grüßten zurück, – aber dass sie „Hoch" schrien, das gab es nicht.

Dann sah ihn Josef noch einmal bei Schönbrunn. An einem Sonntagvormittag saß er alleine auf einer einsamen Parkbank, ließ sein Gesicht ein bisschen von den wohltuenden warmen Sonnenstrahlen verwöhnen, als ihn plötzlich ein Fuhrwerk aus der Stille riss. Josef schaute verwundert auf und sah dem Kaiser nach. Man hätte ihn hier jeden Tag ohne jegliche Bewachung von der Mariahilfer Straße nach Schloss Schönbrunn fahren sehen können.

Ein Freund hatte Josef mal seine Rekrutenzeit in Wien geschildert. Er erzählte, wie seine Truppe nach zwei monatiger Ausbildung feierlich den Eid zur Treue ablegte. Da kam ein alter Mann, der zu ihnen gemächlich rauf schaute und meinte:

„Kinder, kennt Ihr mich?"

Josef fragte, wer das war: „Na der Kaiser natürlich", dessen Vorliebe der Armee galt und dessen Kopf auf jedem Gold- oder Geldstück abgebildet war.

Zwei volle Jahre arbeitete Josef als ausgelernter Schneider in Wien. Dann zog es ihn in die ungarische Ferne, so kam es, dass er mit dem Schiff die Donau abwärts fuhr.

Budapest, welch andere Kultur, Menschen und Bauwerke und doch eine Einheit, der Vielfalt in der Vielvölkerfamilie Österreich-Ungarns. Vom Drang der lockenden Ferne, der großen Monarchie, versuchte er neue Arbeit zu finden. Ein Matrose, den er auf dem Schiff kennen lernte, gab ihm eine Adresse, bei der er anfragte. Es war sehr nobel darin und kam für ihn nicht in Frage, weil nur Gäste mit Gepäck das Quartier beziehen durften, was er nicht hatte. Drum schlenderte er mitten durch die lebhaften Straßen, wollte über die Kettenbrücke, an der er schon von weitem einen kassierenden ungarischen Wachtposten beobachtete, der jedem bei der Überquerung Geldstücke abluchste. Jetzt erst recht dachte Josef, ignorierte ihn und marschierte schnurgerade an ihm vorüber. In turbulentem Stil griff plötzlich eine Hand nach seiner Schulter. Josef wandte sich grob um und fuhr ihn an:

„Was willst?“

„Dort mussen Sie zahl‘n, 2 Kreuzer mussen Sie zahln.“ Er ging mit ihm, legte seine zwei Kreuzer auf den Tisch und wollte gehen. In der Tat, packte ihn der Kerl wieder und forderte ihn zum Warten auf. Dieser holte lüstern seinen Geldkasten mit Einwurfschlitz und ärgerte sich heftig als Josef die Münzen nicht einwarf, sondern drauflegte, bis der Wächter sie selbst mit einem Klatsch versenkte.

Zum richtigen Budapest Besuch wollte Josef auch ein echtes ungarisches Gulasch mit Paprika verzehren, das dann so höllisch scharf schmeckte, dass er es nur mit Mühe und zusätzlichen drei Bier verschlang, wobei ihm noch Stunden danach der Mund brannte. Arbeit fand er keine, aus diesem Grunde nahm ihn die Meisterin nach seiner Rückkehr mit großer Freude wieder auf.

Im Frühjahr musste er zur Musterung nach Mährisch-Kronau.

Wegen seines schwachen Körperbaus hielt man ihn als vorläufig noch untauglich. Die Entscheidung für den Kriegsdienst fiel erst im Jahre 1914 bei seiner zweiten Musterung, diesmal in Wien, da entließen sie ihn mit dem Widmungsschein „tauglich ohne Gebrechen“ bis zum ersten Oktober.

Seit seiner Lehrzeit verbreitete sich immer häufiger die Nachricht, dass im Jahr siebzehn wohl der Krieg ausbrechen würde. Die gleiche Vermutung hatte sich seither im ganzen Land herumgesprochen.

Immer wieder munkelten die Leute: „Im Siebzehner ist Krieg, oder dann wenn unser Kaiser stirbt!“

Keiner fragte, warum es Krieg gibt, die Aussage blieb ganz allgemein. Die dafür vorgesehene Kriegsrüstung bestand einzig aus der Preisanhebung der Virginia-Zigarre, die sowohl der Kaiser als auch das Volk rauchte, von sieben, auf neun Kreuzer und die Bierkosten je halber Liter um einen Heller mehr. Zunächst bauten sie für die Flotte von dem Geld die Cleatnows, das waren drei riesige Kriegsschiffe zur Verteidigung der Donaumonarchie. Große Artikel veröffentlichten zu jener Zeit, wenn Österreich in dieser Weise weiter rüsten wird, so ist es 1917 der gesamten französischen und italienischen Kriegsflotte überlegen. Doch dann kam der Krieg schon 1914 und kurz vor Kriegsausbruch verfasste der Kaiser das berühmt gewordene Manifest:

„An meine Völker!

Es war mein sehnlichster Wunsch, die Jahre, die Mir durch Gottes Gnade noch beschieden sind, Werke des Friedens zu weihen und meine Völker vor den schweren Opfern des Krieges zu bewahren. Im Rate der Vorsehung war es anders beschlossen...!“

So blieb dem von Schicksalsschlägen heimgesuchtem Kaiser in seiner langen Regierungszeit nichts erspart.

Sein einziger Sohn Kronprinz Rudolph ermordete sich selbst, während seine Gemahlin Kaiserin Elisabeth, sein Bruder Maximilian (Kaiser von Mexiko) und nun auch sein Thronfolger Franz Ferdinand ermordet wurde. Letzteres brachte Zündstoff für den zu erwartenden Krieg, aber mit einem Weltkrieg hatte wohl keiner gerechnet. Wer hätte schon geglaubt, dass daraus der erste große Weltkrieg entstehen würde.

Der Erste Weltkrieg beginnt

Es war an einem Sonntag Ende Juni in Wien. Die Zeitungsverkäufer standen an den Straßenecken, wo sie die neuesten Nachrichten unter das Volk riefen: „Erstausgabe, Erstausgabe, Thronfolger Franz Ferdinand in Sarajevo ermordet, Erstausgabe...“. Josef glaubte nicht recht zu hören. Er schnappte sich vor dem Bahnhofsgelände die Erstausgabe und kaufte sie. Da las er, was niemand für möglich hielt. Die Spannung wuchs unter bedrückender politischer Situation im ganzen Land. Österreich, hieß es, strebe Nachforschungen in Serbien an.–

Mißlitz Ende Juli 1914 – daheim waren die Eltern, da ist noch Ruhe, tröstete er sich. Mit diesem Gedanken fuhr Josef heim. Doch schon in der Frühe des darauffolgenden Morgens dröhnten zuerst spannungsvolle Trommelschläge und anschließend die Bekanntmachung durch die Straßen von Mißlitz:

„Seine Majestät, der Kaiser haben die allgemeine Mobilisierung befohlen!“ Die Bauern spannten gerade ihre Wägen und standen wie gewohnt zum Pflügen bereit. Doch an jenem besonderen Morgen schwenkten alle um, liefen mit Jubel und Trubel in die Wirtshäuser.

Der Traum vom schnellen Sieg begeisterte Massen und schien gewiss. So war 1914 Krieg. Aus dem heimatlichen Frieden des Sommers plötzlich herausgerissen, liefen die Menschen nun aufgeregt durch die Straßen. Krieg, ist schnell gesagt, aber wie ist das überhaupt? Von Bildern, Büchern und Erzählungen kannten sie das. Diese Vorstellung hatte aber wenig mit der Realität gemeinsam. In Österreich hatte es immerhin fast fünfzig Jahre lang keinen Krieg mehr gegeben –, in Mißlitz lebten noch Augenzeugen, die bei der Schlacht 1866 gegen die Preußen noch dabei waren. Aber wie lange ist das her?

Der immer wieder ertönende Mobilisierungsbefehl versetzte alle in Aufregung und die Menschen waren ganz aufgewühlt darüber, das sie morgen abkommandiert werden sollten. Das Schicksal zerriss die Familien, Eltern mussten sich von den Söhnen trennen und junge Väter wußten nicht, ob sie ihre Kinder jemals wieder sahen. Die meisten Frauen entschwanden dem Jubel, für sie schien es wie ein böser Traum, sie erwarteten das Schicksal mit Bangen und kümmerten sich um Wäsche und Proviant ihrer Männer oder Söhne.

Es gab auch Frauen, die an überfüllten Wirtshäusern standen und erste Tränen ihren Männern oder Söhnen weinten. Josef sah, wie voller Begeisterung das Lied (4) gesungen wurde:

„Liebe Mutter, ich muss scheiden,
liebe Mutter, ich muss fort,
Du hast mich mit Schmerz geboren,
für den Kaiser auserkoren,
für den Kaiser, für den Kampf...“

Und daneben stand die Mutter und weinte mit schmerzendem Herzen erste Tränen ihrer Söhne.

Schon am darauffolgenden Tag stiegen die ersten Soldaten auf die bereitstehenden Bauernwägen, umgeben von denen, die nicht in den Krieg mussten, den jungen Frauen mit Kindern, den Müttern und den alten Leuten. Alle winkten und schwenkten zum Abschied ihre Tücher. Dann fuhren sie als zukünftige Soldaten davon ins Ungewisse.

Eines Tages würde auch Josef schweren Herzens Abschied nehmen. Am ersten Oktober sollte er planmäßig einrücken, weil der Krieg ausbrach fand seine Einberufung bereits am 25. August statt.

Zusammen mit den anderen zukünftigen Kameraden fuhren sie bei Gesang mit einem Bauer nach Znaim. Aus reiner Herzenslust gingen sie noch am gleichen Abend ins Wirtshaus um ihre Heiterkeit in vollen Zügen anzukurbeln. Dort fand sich auch eine Menge fremder Soldaten ein. Plötzlich knarrte die Tür und laute Soldatenstiefel kamen über die Schwelle. Mit unheimlich schweren Schritten kam jemand näher und befahl ihnen augenblicklich mitzukommen. Sie tranken gerade und sollten ihm folgen, das passte niemanden.

Einer sagte: „Geht her und trinkt auch!“ Der Soldat fuhr ihn scharf an und wiederholte seine Forderung, da eine Patrouille dabei war, die den Auftrag hatten die Rekruten in den Wirtshäusern zu sammeln. Als sich niemand direkt erhob sagte er:

„So, Ihr habt im Dienst getrunken!“ Bei dem mürrischen Feldwebel, der nicht grüßte, sondern nur grimmig ernst durch die Zähne das Wort „Widmungsschein“ ausstieß, wurde Josef dann schnell Befehlsanweisungen und Sitten bewusst.

Freundschaften zerriss man zu aller erst. Josef kam zum Bataillon 25 der K und K Feldjäger, gespannt erwartete er seine neuen Kameraden.

„Servus Schulz“, rief jemand von hinten. Überraschend sah er ein Freund, der auch in Wien gelernt hatte. Am nächsten Tag marschierten sie nach kräftigem Essen zu sechst mit dem Zugführer los. Am Bahnhof erhielt jeder Tee mit viel Rum, den sein Wiener Kamerad aus eigener Tasche finanzierte. Von Znaim fuhren sie über Cruschbach nach Brünn. Im Hof der Kaserne auf dem Spielberg, standen mehrere Veteranen, die auf die Stadt herabblickten und als ihr Führer sie sah, ging er auf die Veteranen zu und erzählte ihnen, dass alle hier deutsche Burschen seien.

In den alten Zimmern der Kaserne gab es nicht mal anständige Betten, denn das einzige, was sie vorfanden waren Haufen von Stroh und Decken. Gewiss hatte Josef ganz andere Vorstellungen vom Militär, darum war er auch enttäuscht und wäre am liebsten davongelaufen. Jeder bekam einen Koffer, Uniform und Bajonett, eine schmutzige Menageschale mit klebrig verschimmelten Essensresten, allerdings reichlich gutes Essen. Samstags teilte man ihnen Gewehre aus, dann begann eine strenge zweimonatige Ausbildung. Einmal traute er seinen Augen nicht. Der Unterjäger tanzte. Josef war hinter einem Strauch gesessen als ihn plötzlich der Unterjäger derb bei den Haaren erwischte. Josef schimpfte: „Sie sind ein Unterjäger, sie sind ja ärger als der Hauptmann Wuschkovsky.“

„Was hast gesagt? Sie wagen einen Unteroffizier zu beleidigen, der wegen seiner Tüchtigkeit im Feld gefördert wird? Wart nur...!“ Sie fesselten Josef und er musste dann an den Füßen aufgebunden, zwei Stunden an einem Pfahl über dem Boden hängen.

Nach sieben Wochen durfte Josef überraschend einen Tag auf Heimaturlaub. Seinen Zimmerkommandanten kannte er aus Wien. Er war auch Schneidergeselle und ließ der Gruppe recht viele Freiheiten. Wenn andere den halben Tag lang nur Kartoffel schälten, ließ er von jedem nur den Bedarf eines Einzelnen decken. Genauso löste er das Ausgehverbot mit der Bitte, nichts anzustellen. Auf dem Übungsplatz wurde ihnen das präzise Zielen und Schießen beigebracht. Bevor sie entlassen und zur Front abkommandiert wurden versammelten sich alle.

Ein Pfarrer erschien mit der Monstranz. Die künftigen Soldaten knieten nieder und er segnete jeden einzeln, gab jedem einen Rosenkranz und einen Anhänger mit der heiligen Mutter Gottes. Diesen bewahrte Josef sein Leben lang als gütigen Begleiter. Dieser ist ihm in seiner Geldbörse ein Leben lang verborgen geblieben.

Dann marschierten sie, von den Einheimischen umdrängt, davon. Auf der Bahnfahrt versank er fest in den Schlaf, da riss ihn urplötzlich eine Stimme heraus, hob ihm eine Flasche unter die Nase und meinte:

„Schulz trink!“ So tranken sie auf ungewisse Zeiten. Nach Verlassen des Zielbahnhofs marschierten sie vier Stunden. An ihrem neuen Lager übergab der Feldwebel die ganze Truppe an einen autoritären Major, der an allen seinen abscheulichen Jähzorn ausstieß. Zunächst kommandierte er sie bei Nacht an die Front, kontinuierlich brüllte er herum. Empörung konnte man von den Gesichtern ablesen, schließlich kämpften sie fürs Vaterland. Durch unwegsames Gelände trieb er sie, unaufhaltsam rannte er, denn er kannte das Gelände bei Tag, anders als die Truppe. An der Stellungslinie befanden sich Schutzlöcher, in die alle auf Befehl hineinsprangen. In der Dunkelheit sprang Josef ins Unsichtbare, landete tief, wobei er seinen Fuß verletzte. „Da komme ich nicht mehr raus," dachte er. Kanonen schossen in der Ferne. Oberhalb hörte er zum Glück seinen Kameraden, den Schuster, seine rettende Hand zog ihn heraus. Der Fuß war also für die nächsten Tage so sehr verletzt, das es ihn beim Laufen so stark behinderte und er nur noch hinken konnte. Einen Hauptmann hatte man frisch zum Major ernannt, drum mussten alle vor seinen Augen marschieren. So sehr sich Josef auch mühte, es tat furchtbar weh, er konnte nur noch hüpfen.

„Du Hund! Wirst du dich strecken," fuhr ihn der Major wütend an. Er hätte Josef sicher niedergehauen, wäre ihm nicht im selben Moment, wie aus Gottes Hand ein glücklicher Gratulant, in die Arme gefallen, dessen Auftritt für Josefs Rettung sorgte.

Das erste Gefecht sah er vom Exerzierplatz aus. Weit vor ihm lag ein Hügel, den altgediente, österreichische Soldaten ganz nach der alten Schule zu stürmen versuchten. Sie bildeten eine Linie und schwärmten aus. Der Mangel an Kriegserfahrungen musste mit dem Tod vieler Soldaten bezahlt werden. Die Russen waren in geringer Entfernung und als die altösterreichischen Soldaten in die Schusslinie gerieten, schossen die Russen einen nach dem anderen ab und sie fielen wie Dominosteine der Reihe nach nieder. Die meisten standen überhaupt nicht mehr auf. Der bittere Ernst hatte also begonnen. Auch Josef musste zur Front in die Schützengräben. Einer von den Soldaten stieg plötzlich aus dem Graben. Er musste dringend „auf Seiten" gehen.

Josef beobachtete die leichtsinnige Szene. Er ging zur Seite, zog die Hose herunter und verrichtete sein Werk und als der Soldat sich erleichtert wieder aufgerichtet hatte, schossen ihn die Russen wie einen Hasen über den Haufen.

Zwischen Leben und Sterben

Die Truppe kam in ein Hügelland mit einem flachen Tal und zerrissenen Sandsteinblöcken, die sich als Deckung eigneten. Die Russen lagen wenige hundert Meter entfernt und wussten von ihrer Gegenwart. Einzeln fielen Schüsse. Josef kroch vorsichtig näher und suchte die gegnerische Stellung zu erspähen. Da prasselte im gleichen Augenblick ein mörderischer Kugelhagel los. Ein Schlag traf in den Fels, seitlich neben ihm, von dem Splitter einzeln in alle Richtungen zurückgeschleudert wurden und ein Teil auf seiner Nasenspitze aufschlug. Blut rann tröpfchenweise aus der kleinen Verletzung, so verlor er wenige Tropfen für das Vaterland.

Ein anderes Mal kroch Josef in ähnlicher Stellung mit dem Gewehr im Anschlag, dicht an die Russen heran. Da knallte es plötzlich mit lautem dumpfem Schlag, den er an seinen erzitternden Händen verspürte, auf ihn gerichtet, aus einer Gewehrsalve hernieder. Erschrocken überprüfte er seine Unversehrtheit und stellte an seinem Gewehr fest, dass ein Stück fehlte und er –Gott sei Dank–, wegen diesem, um ein Haar der Beförderung vom Diesseits ins Jenseits entronnen war, da die Kugel ansonsten seinen Kopf zerschmettert hätte.

Voller Inbrunst lernte er hier Beten und Danken. Selbst im tiefsten Kampf der feindlichen Soldaten wurde im Vielvölkerstaat stets darauf geachtet, dass zumindest nach zweiwöchiger Einsatzleistung jeder die Möglichkeit hatte einen Gottesdienst zu besuchen. Hin und wieder wurde eine Feldmesse organisiert und die Beichte vor heiklen Gefechten, sowie vor Ostern war unumgänglich. Einmal erlebte Josef wie sich ein törichter Soldat mit dem Argument, er sei evangelisch, weigerte. Aber der Pfarrer schleuste ihn, wie alle anderen weiter und meinte: „Das ist völlig wurscht!“ Alle mussten gehen.

Dann wurden sie abkommandiert. Es kam die Zeit, in der die Russen Krakau nieder brannten. Es hatte frisch geschneit und seine Truppe legte zu jener Zeit einen langen Fußmarsch bis zu einer festgelegten Ortschaft zurück, in der eine Schule als Quartier diente. Kaum angekommen und ausgepackt, mussten sie geschwind raus. Das graue Wolkengetümmel draußen sah nach Neuschnee aus. Eine Schießerei hallte von fern wider, wonach sie sich zielstrebig dem Feuer näherten. Auf dem vor ihnen liegendem Hügel stand ein zur Verteidigung benutztes Artilleriegeschütz. Nach Trost suchend meinte jemand: „Oh, hier haben wir Geschützdeckung, da geht es uns gut. Dabei kannten sich die Alten gar nicht so recht aus. So haben sie Menage für den Tag gekriegt. Nach einiger Zeit stapften sie weiter, hinein in ein wildes zugewachsenes Gelände, mitten durch den Sumpf. Josef fragte den neben ihm gehenden Rekruten, ob ihm auch schon das Wasser in den Schuhen steht, da sie ständig tiefer versanken.

„Aber dazu ist doch jetzt keine Zeit“, erwiderte dieser und kämpfte sich gequält weiter. Sie kamen noch ein paar Schritte vorwärts als er plötzlich aufschrie. Josef drehte sich um und erblickte noch die blutige, zerfetzte Hand des

Rekruten, in der ihn eine Kugel getroffen hatte. Es war schon auf dem Rückweg, trotzdem lauerten die Russen noch im Hinterhalt. Er rief noch, dass er nicht mehr zurück könne, dann sah ihn Josef nicht mehr.

Es lastete wie ein Alpdruck auf sein Gewissen in dem Chaos weiter zu müssen, aber was hätte Josef in der Sumpflandschaft ausrichten können? Der Rekrut befand sich schon kurz zuvor vor dem Zusammenbruch. Wäre er zurückgegangen, hätten sie auf ihn geschossen. So wandte er sich wieder vorwärts und versuchte den Anschluss nicht zu verpassen. Es begann wieder heftig zu schneien. Dann schlüpften sie durch tiefverschneiten Fichtenjungwald. Sie kämpften sich nur mühsam durch. Der Schnee stob von den Zweigen, die Nacht brach herein. Der Kommandant schrie:

„Vorwärts..., bis in die Visiergärten hinein! Nieder, eingraben!“ Josef starrte erschüttert auf den kristallen glitzernden Schneeboden. Als alle damit anfingen, den kalten Boden auszuheben, fing er auch an. Mühsam und erschöpft plagten sich alle mit der Schaufel. Die Nacht kam rascher als erwartet. Bis zum Kopf steckten sie im schmierigen Lehmboden. Dann fielen wieder Schüsse. Zuerst ferner, dann in der Nähe. Wer schoss, konnte er nicht wahrnehmen nur so viel, dass die Russen schon sehr nahe vorgedrungen sein mussten . Josef konnte ja keinen Menschen sehen und wohin er schießen sollte, wusste er auch nicht. Die ganze Nacht lagen sie hier. Zeitweise konnte er einschlafen und teilweise wachte er vor Kälte fröstelnd wieder auf. Die Nacht schien endlos. In der Frühe, des 20. Novembers 1914 wurde abgesprochen einzeln, möglichst unauffällig den Rückweg anzutreten. Josef blieb liegen bis langsam das Licht den Tag ankündigte und die Ersten sich aus dem Visier distanzierten.

Seltsam schwer, fiel es ihm sich aufzurichten. Zu seinen Ungunsten stellte er fest vom Marsch kaputt zu sein. Trotzdem gelang es ihm langsam seiner Truppe zu folgen. Am Waldrand ruhte er sich ein wenig aus.

Die Gelegenheit zum Regenerieren konnte er nicht ausnutzen, deshalb setzte er seine schmerzenden Beine wieder in Bewegung, um die anderen nicht völlig aus den Augen zu verlieren. Vor ihm lag ein Hügel, den er wie die Anderen hinaufstieg. Josef sah von dort oben ungefähr zwölf österreichische Soldaten in weiterer Entfernung am Exerzierplatz in verwachsenem Waldgras liegen. Blitzschnell setzte ein Bodenoffensivfeuer ein.

Überall explodierten Granaten. Josef warf sich schnell auf den Boden. Schrapnellen und weiß der Teufel was alles zischte darüber. Wenn er sich auch nur im geringsten rührte, detonierte es schlagartig neben ihm zu beiden Seiten. Wie gelähmt musste Josef bewegungslos gleich einer Mumie ausharren, während der Krieg sein wahnsinniges Lied heulte. Als sich das grausame Artilleriefeuer einstellte und er zum Exerzierplatz blickte, bewegte sich nur noch wenig. Erschreckende Tatsache war, dass die Meisten tot oder verwundet liegen blieben. Doch jene Überlebende begannen sofort mit dem Angriff der Gegenoffensive. Aus allen Ecken versuchte man auf die Russen zu schießen. Um die Anderen nicht im Stich zu lassen, dachte Josef, er muss doch auch schießen. So schoss er in das Fenster eines alleinstehenden Hauses und das klirrte heftig. Josef glaubte, dort stehen die Feinde, dass sie ebenso auf der Erde lagen, verstand er ja nicht. Ein paar Soldaten von seiner Truppe kamen, stellten ein Maschinengewehr ein Stückchen weiter auf und einer sagte zu ihm:

„Wo schießt du hin?“ So machte er nichts mehr. Auf einmal kam ein Kamerad von hinten, sprang in eine Grube, die eigentlich für Offiziere vorgesehen war. Josef fragte, ob noch Platz sei und sein Kamerad bejahte es. Daraufhin packte Josef seine Sachen und verschwand aus der Schusslinie. Hier verbrachten die beiden bis in die Nacht hinein ihre Zeit. Der Major veranlasste zwei Vierer Gruppen zu bilden um die Verwundeten abwechselnd zur Deckung zu tragen. Die übrigen würden sich inzwischen dort sammeln und ihnen später helfen. Bevor sie in der Dunkelheit die Deckung überhaupt fanden, waren die Anderen schon über alle Berge. Die Hilfsgruppen irrten mit ihren Verwundeten bis zum Morgengrauen im Wald umher. Die anderen sieben waren alte Veteranen und wussten schon vorher, dass das Gerede des Majors Schwindel sei, – Josef nicht.

So sagte der Erste: „Hier kommen sie nicht weiter, er werde schauen, wo die Sanitätskompanie ist.“ Nach einer Weile löste sich in ähnlicher Weise der Zweite. Danach der Dritte, der Vierte... nach einiger Zeit waren alle sieben verschwunden und Josef stand alleine mit den Verwundeten da, wobei immer noch Kugeln flogen. Er wusste nicht recht, was nun werde. Doch dann kamen zum Glück die Bosniaken, dispensierten Josef aus seiner Hilflosigkeit und brachten die Verwundeten zur Sanität, wo sie sich regenerierten.

Josef kam dort ganz ausgehungert an und stürzte sich sogleich in die Küche, wo er seinen gewaltigen Hunger stillen wollte. Essen war im Überfluss gekocht, weil es einst ein tausend Mann Bataillon war, wovon nur 392 Mann überlebten. Die Küche war seitdem noch nicht umgestellt.

Als Vorspeise war Suppe angesagt. Kaum dass Josef es erwarten konnte löffelte er los, verbrannte sich sogleich Schlund, Zunge und Magen, dann hatte er keinen Hunger mehr.

Der Krieg hielt auch an Weihnachten in Galizien unvermindert an. Die Russen legten zeitweise Ruhepausen ein. Am 24. Dezember 1914 glaubte Josef wenigstens für wenige Stunden von der Front weichen zu dürfen, aber das blieb ein Traum, denn der alte, russische Kalender zeigte erst 13 Tage später das Weihnachtsfest an. Freilich warteten sie auf der anderen Seite nur brennend darauf, dass sie ihrem Gemüt nachgaben, um dann das ganze Gebiet in Beschlag zu nehmen. Also harrten sie Tag und Nacht bei Eiseskälte im Schützengraben aus.

Der Offizier sagte zum Zugführer: „Zwei Mann eine Flasche Schnaps und wenn es schwache Trinker sind, drei jeweils eine Flasche.“ Das war auch schon so ziemlich alles was den Weihnachtsabend vom Alltag abhob und die Offiziere waren fortan 14 Tage lang betrunken. Die österreichische Mannschaft war gut, manche Offiziere schlecht. Am folgenden Tag erwartete man den Thronfolger Karl. Sie hatten Ablösung und sollten zur Begrüßung kräftig jubeln. In der Tat kam auch schon bald ein Automobil und die Rekruten riefen laut:

„Hoch,... hoch,... hoch!“

Der Oberst hielt den Finger vor den Mund und mahnte:

„Das ist der Falsche.“ sie waren ihren alten Kaiser gewohnt und als der Richtige einen Augenblick später vorgefahren wurde und alle hier versammelten in das Automobil schauten, standen plötzlich alle mit verschlagener Sprache da. Niemand konnte es fassen, dass so ein junger fescher Bursche ihr Kaiser werden sollte.

Wieder waren es die bevorzugten Offiziere, die mit ihm aßen und tranken, während alle anderen die Zeit im Schützengraben verbrachten. Der Tag neigte sich zur Ruhe, Stimmen vom Frieden klangen so gut und angenehm mit „Stille Nacht“, „Heilige Nacht“ Instrumental begleitet herüber. Die Russen schnappten das sofort auf, denn als Antwort krachten sogleich Schüsse zu ihnen rüber, so dass ein schnelles Ende bereitet war.

Tage und Wochen verstrichen, im Wechsel zwischen Front, Kampf und Übung. Einmal sollte sich jeder einen weißen Schneemantel nehmen und es hätte sich wohl kaum ein Soldat entgehen lassen, außer Josef. Für was nur das viele Zeug, dachte er in der Neigung zu Bescheidenheit. Bei Bestandsüberprüfung zog er einfach den Mantel eines Anderen über und das ging auch lange Zeit gut, bis ein unerwartet scharfer Befehl durch die Zimmer schrillte: „Alle mit weißem Mantel antreten! Schulz“ und noch einer, weiter vor“, wahrscheinlich wussten sie schon, dass Josef keinen Mantel hatte. Er betete, ein Augenblick verging, die Lage war ganz und gar aussichtslos für ihn und es klingt wie ein kleines Wunder, dass die Russen zur gleichen Zeit ein Schussfeuer eröffneten. Das ganze Aufgebot wurde abgeblasen, das Kommando hieß: „Zurück!“

Blitzartig rannten alle in ihre Stellungen. Aber die Chargen vergaßen Josef nicht. Es war im März und die Bäume waren schon ausgeschlagen. Sie schlenderten ein wenig lebhaft im Gelände umher. Wäre ihnen ein Kommandeur begegnet, hätten sie ihm erzählt, eingeteilt zu sein. Eine Eiskälte sorgte für klamm werdende Finger. Später versteckte sich Josef dann hinter einem Strauch, es kam jemand näher und rief:

„Die Zugführer sollen alle Soldaten sammeln und zum Hauptmann kommen.“ Alle sammelten sich auf dem Platz, bis der Hauptmann persönlich erschien und sein Anliegen vor allen selbst ausbreitete.

„An Weihnachten war jemand im Feld, der trug keine Kopfbedeckung, konnte sie sich wahrscheinlich auch nicht kaufen, weil es ihn 35 Kronen kosten würde. Dieser Soldat hatte die Kappe aber verdient.“

Alle: „Herr Hauptmann hier!“ Josef hatte sich nicht gemeldet. Gekauft hatte er sie sich allerdings auch nicht. Hätten andere es gemeldet, wäre es ihm gleichgültig gewesen.

Der Hauptmann suchte in der geballten Menschenmenge, wendete sich ausschauend mehrmals, erblickte Josef und rief vor allen Leuten:

„Schulz, du warst es gewesen,“ klopfte ihm auf die Schulter und überreichte ihm vor allen Versammelten die Kappe, worauf er sehr stolz war.

In einer Frühjahresnacht, zwei Monate später, hatten sie die Aufgabe spanische Reiter hinaus zu schleppen. Das sind transportable Stacheldrahtverhaue, die als Sperren gegen feindliches Eindringen aufgestellt wurden. Und die Chargen liefen ohne etwas zu tragen hinaus und Josef lauschte ihrem Reden in die stockfinstere Nacht hinein. Josef konnte sie nicht sehen, erkannte aber nach kurzer Überlegung die Stimmen. Auf einmal sprach der Gleiche, der ihn damals am Anfang seines Militärdienstes zur Strafe aufgehängt hatte, zu dem, der in Brünn am Spielberg sein Abrichter war:

„Ich habe nicht gewusst, wie du damals raus gekommen bist, hast du mir einen Mann gebracht, den Schulz, der hat uns damals beleidigt und ich habe es natürlich gemeldet und ließ ihn anbinden. Seit der Zeit habe ich ihn auf die verschiedenste Weise ausprobiert. Ich sage dir, das ist ein tüchtiger Mann.“ Nach diesen Worten schien es, als spüre er erschwingende Erleichterung. Ob er wusste, dass Josef in dichter Nähe alles mitbekam? Überrascht, kam Josef dann aus dem Busch:

„Zugführer, das waren Sie, das hatte ich beinahe vergessen, denn damals waren Sie noch Unterjäger!“

„Ja, das war ich und jetzt werde ich dich befördern,“ betonte er mit Nachdruck. In seiner Bescheidenheit graute es Josef aber vor jeder militärischen Beförderung, so dass er hilfesuchend flehte:

„Ich will das nicht, ich will das nicht.“ Es war vergebens. So wurde Josef Patrouillenführer und später sogar zum Unterjäger(Korporal) befördert. Noch lange überlegte er wie ihn der Zugführer auf verschiedenste Weise ausprobiert hatte. Da wurde ihm in vollem Umfang bewusst, dass er einerseits am Übungsplatz meist viel schlauer als andere Soldaten handelte, andererseits sich dennoch drückte, wenn es die Möglichkeit auch nur zuließ.

Einmal zog er mit der Bodentruppe durchs Feld und am Abend fanden sie vollkommen erschöpft und niedergeschlagen als Unterschlupf mehrere Heustadel. Das duftend warme Heu lockte zum Ausschlafen und das hätte Josef am liebsten auch getan. Die Stadltür flog auf. „Hu, Hu, Huhu,“ hallte ein Kamerad, dann schloss sich die Tür, es war der Heinz. Kaum war er umgezogen, gellte ein Befehl:

„Raus, alles raus, auf die Wiese, antreten!“ Waren sie in den Hinterhalt der Russen geraten? Etwas ängstlich gingen sie hinaus, zu den anderen. Dort offenbarte sich die Erkenntnis:

„Krieg ist grausam!“

Ein Fremder stand geistesabwesend mit gefesselten Händen vor ihnen. Offiziere verlasen aus einer Schrift wie er hieß, dass er aus der Bukowina sei und aus Czernowitz käme, Schlosser, verheiratet, Vater von 2 Kindern, an der Kriegsfront davon gelaufen wäre. Sie forderten ihn auf zum Knien, dann betrübte das vernichtende Urteil Josef so sehr, als träfe es ihn selbst:

„Verurteilt zum Tod!“

Die Zeit währte nicht lange, dann feuerten ihn Soldaten auf Kommando nieder. Sein Leib klappte wie ein Messer zusammen und blieb regungslos liegen. Ein Doktor hielt Leichenschau und niemand vermochte ihnen zu sagen, warum sie das alles mit ansehen mussten . Deutlich sah Josef immer wieder diese Bilder vorüberziehen, dass es ihn immer wieder zu sagen drängt: „Kinder wünscht euch nur kein Krieg, denn Ihr wisst nicht wie grausig das ist.“

Als sie nach Sokal kamen, durfte Josef mit seinem Kameraden, die Botschaften am Telefon entgegennehmen, so wechselten sie von Zeit zu Zeit, damit jedes mal ein anderer schlafen konnte. Später wurde der Telefonkasten an die Schützengräben umgestellt. Der Boden hier war glitschig verschlammt und der Telefonkasten musste genau 5 Schritte dahinter aufgestellt werden. Zum Ruhen war es schlecht bestellt, drum saß Josef am liebsten oben drauf und schlief ein. Erst beim Erwachen kam es ihm zum vollen Bewusstsein samt des Telefons, halb im Schlamm versunken wie eine einsame Insel herauszuragen.

„Um Himmels willen, der Hauptmann erschießt mich", fuhr er auf. Blitzschnell, zog er den Telefonkasten heraus und schuf geschwind Ordnung.

Die träge Zeit war allerdings schnell vorüber, weil schon sehr bald der Befehl zur Kompanie einzurücken folgte. Jeder erhielt zur Defensive 300 Patronen. Sie verbargen sich meist im Schützengraben. Die Russen stürmten und bereiteten einen schweren Artillerieangriff auf sie vor, so dass es in allen Richtungen einschlug und gewaltige Erdmassen durch die Luft wirbelte. Als sich das Feuer einstellte, hofften alle auf längere Waffenruhe, aber sogleich setzte ein russisches Trommelfeuer ein. Ununterbrochen im Trommeltakt knallte es in gleichen kurzen Abständen. Ein dumpfes bum, - bum, - bum, - bum, bis zum letzten Geschütz, dann wieder von vorne, so, dass man ganz blöd wurde. So fiel Josef gar nichts besseres ein als den Alptraum im schmalen Schützengraben durch leiblichen Menschenschlaf zu ersetzen. Mit dem völligen Verstummen der letzten Trommelschläge erwachte auch er. Es war später Nachmittag, Ende Juli, die Tage waren schon kürzer. In den langen Verbindungsgräben war Panik ausgebrochen. Soldaten liefen und sprachen aufgeregt durcheinander: „Die Russen sind am rechten Flügel durchgebrochen", hieß es. Der Zugführer stürmte aufgeregt zu uns und befahl einem Kriegskameraden die Nachricht schleunigst dem Hauptmann zu melden. Dieser zögerte etwas verlegen und sagte mutig in der Gegenwart des Zugführers:

„Schulz, geh du!" Da der Zugführer nicht einlenkte, eilte Josef den Kopf deckend im Graben zwischen Lebenden,

Toten und Verwundeten. Er legte eine ewige Strecke zurück. Grausame, starre Gesichtszüge, Anblicke, die nicht spurlos vorbeizogen. Sein Herz pochte bis zum Hals hinauf als er den Hauptmann endlich erreichte. Dieser kletterte akkurat auf allen Vieren wie eine Maus aus seinem Loch. Ein anderer Soldat stand gegenüber und hatte ihm vermutlich die neueste Nachricht schon kundgegeben.

„Herr Hauptmann, die Russen sollen am rechten Flügel durchgebrochen sein," meldete Josef gehorsam. Der strich sich den Lehm von den Händen und erwiderte erleichtert:

„Na also, einer sagt sind durchgebrochen, der andere sagt, sollen durchgebrochen sein!

„Oberjäger Ordonnanz zu mir in den Graben hinein." So führte der Ordonnanz den Befehl aus. Josef stand noch immer wie angewurzelt da und schaute dem davonlaufenden Hauptmann nach. Dass sich auch ein Hauptmann aus dem Staub machen konnte vermutete er nicht, deshalb dachte Josef, er wird die Grabenbiegung sparen und abkürzen, in Wirklichkeit ist er auf und davon.

Josef schlich nach Schutz suchend um die Traverse, lugte hervor und streifte mit einem kurzen Blick einen russischen Soldaten. Mehr sah er in der Aufregung nicht. Sein Herz schlug so laut, dass es ihm beinahe zum Verhängnis wurde. So duckte er sich, blickte zu den übrig gebliebenen Soldaten und musste der Schande zusehen wie einer nach dem anderen herauskam. Die Ergebenen ließen ihr Gewehr fallen und lieferten sich den Russen aus. Josef blieb, lauschte der ungewöhnlichen Stille verstummter Schüsse und betete verzweifelt. Er sah den Liegengebliebenen in ihr kaltes Gesicht und war überzeugt keine zehn Minuten mehr am Leben zu bleiben.

Was wird geschehen? Ein Russe wird ihn aufspüren und erschießen. Als er weiter schlich, fiel ihm oberhalb des Grabens eine düstere in sich zusammengekauerte Gestalt auf. Josef kroch am Boden näher heran und erkannte ihn. Er hieß Tischler und war kameradschaftlich immer gemein gewesen.

„Tischler“, rief Josef, „soll ich dir noch etwas machen? Ist dir noch eine Hilfe?“ Mit quälend gesenktem Haupt schüttelte er den Kopf und sank allmählich ganz in sich zusammen. Einen Augenblick später wurde Josef von zwei Russen ertappt, welche russisch aufbrausten und ihr Schusseisen auf ihn richteten. Er ließ sein Gewehr fallen und ergab sich. Die Russen brachten ihn zu jener anderen Schar, die Zahl betrug 1700 Gefangene.

Gefangenschaft oder Tod

Alle waren vor dem großen Gebäude des Hofes versammelt. Am Fenster standen freundlich lächelnd Schwestern des Roten Kreuzes, die allen Karten verteilten und den Gefangenen zuriefen: „Schreibt geschwind heim, damit die Eltern wissen, wo Ihr seid!“ Und das erwies sich später zum Guten, weil diese Karte zu Hause im richtigen Moment in den Briefkasten flatterte, denn der Vater war wie vor den Kopf gestoßen, als er vor dem Rathaus die traurige Nachricht ins Gesicht versichert bekam, dass aus gleichem Regiment nachweisbar Josef Schulz im Krieg gefallen sei. Fassungslos sagte er, dass das nicht wahr sein könne. Er habe vor wenigen Tagen Post erhalten und so stritten sie miteinander, bis der Vater niedergeschlagen heimging. Gewiss war die Familie in Angst und Schrecken versetzt worden, doch dann erkundigte sich der Vater und kam zu dem Resultat, dass es sich nicht um seinen Sohn, sondern um einen Josef von dem er einmal vor langer Zeit die Vormundschaft übernommen hatte, handelte. Er hieß auch Josef Schulz. Mit ihm hatte der Vater aber keinen Kontakt mehr, da er im Waisenhaus zu Kromau gelebt hatte. Später schrieb Josef natürlich öfters nach Hause, wechselte dabei mit einem anderen Kriegsgefangenen, der auch aus Mißlitz kam, ab, so dass die Eltern untereinander von ihnen wussten. Dabei kam er erst später dahinter, dass der Haderlump nicht schrieb.

Im Krieg war es so, wenn sich zu viel Post ansammelte war es nicht selten, dass sie aussortiert und nicht befördert wurde. Und so traf es sich, dass ein ganzes Jahr verging, ehe die Eltern das erste mal wieder ein Lebenszeichen von ihrem Sohn erhielten.

Auf dem Sammelplatz wurden alle vollständig entwaffnet. Selbst kleinste Gegenstände wie Geld, Taschenmesser, Löffel wurden jedem geraubt, außer Josef. Er wurde von einem anderen durchsucht, der griff ihm in die Hemdtasche und zog seine kleine Notschere heraus. Josef schnippte mit den Fingern und erklärte ihm auf polnisch: ‚jestem krawcem", (ich bin Schneider). Wer er war, das wusste Josef nicht, nur so viel, ein guter Mensch. Josef behielt außerdem Taschenmesser und Geld, das er in ein kleines Ledersäckchen gesteckt hatte, das eigentlich zur Aufbewahrung von Salz diente, und geschickt an einem Faden angeknüpft in der Hose herunter hing.

Aber was Josef einst für alle Fälle tat, erfüllte bald seinen Nutzen und wenn er damit anfinge, jeden Tag einzeln zu beschreiben, dann würde man schnell zum Ergebnis kommen, dass es sich hundertfach auszahlte.

Jeden Abend versammelten sich unglaublich viele Menschen im Kreis um Josef und er versuchte unzählige Brotlaibe gerecht zu teilen. Jedes mal starrten gierige, hungrige Blicke mit der Hoffnung, dass vielleicht mal ein größeres Stück abfiel, auf ihn. Nicht einmal wären sie auf die Idee gekommen zu sagen, nimm du dir heute zuerst. Die Schere nahm Josef entweder zum Schneidern oder verlieh es dem Haarschneider, der sich dadurch prächtig Geld verdiente. Am ersten Abend sperrten die Russen die Kriegsgefangenen in eine Scheune und bewachten sie. In der Frühe trieben die Russen die Gefangenen den ganzen Tag sehr weit, bis sie an ein Bahnhofsgebäude gelangten, von dort aus fuhren sie bis Kiew.

In Kiew trennte man alle Nationalitäten endgültig voneinander und somit entschied sich das Schicksal für jeden Einzelnen. Von russischen Soldaten umdrängt fragte man jeden nach seiner Nationalität. Erstaunt war Josefs Zugführer, der es nicht fassen konnte, dass er kein Tscheche, sondern Deutscher war.

Mit der Eisenbahn transportierten sie auch Josef schließlich nach Wolysagreb, südlich von Moskau (eine kleine Stadt, damals 15 000 Einwohner).

Dort trafen sie einen deutschen Reichsgefangenen, der Josef schon im Voraus aufklärte.

Er sagte: „Die Russen haben, sie geben aber nicht." Der Satz prägte sich fest in Josef ein. Sie kamen in ein Theatergebäude, in das man alle einquartierte. Es war Mittwoch und samstags kam ein in weiß gekleideter Mann aus der Kanzlei, denn er brauchte 60 Männer zum Arbeiten. Um die Zeit nicht tatenlos herumzuschlagen, meldete sich Josef auch. Sie wurden abkommandiert in ein Gebäude, das über Jahre hinweg verkommen und überall mit Taubendreck bekleckert war. Da außer Josef keiner Russischkenntnisse hatte, fragte er die Russen, ob und wie viel sie ihnen zahlen werden. Sie versprachen fünfzehn Kopeken pro Mann am Tag. Die Männer arbeiteten tüchtig, acht Stunden und am Abend hieß es robota kontschena (Arbeit beenden).

„No tschetyre stanowis!" (vier und vier aufstellen)

Josef verlangte zuerst Geld, sie sträubten sich jedoch.

Dann kam wieder der Mann aus der Kanzlei und lachte Josef glatt aus, was ihn gänzlich verärgerte und veranlasste nicht mehr zu kommen.

Am nächsten Morgen in der Frühe standen alle auf. Josef war entschlossen und sagte: „Ich gehe nicht mehr!“ Sie drängten und redeten auf ihn ein, dass keiner von ihnen sowohl böhmisch als auch russisch reden könne, außer ihm, zudem sicherten die Russen für heute das Geld zu. Wegen ihrer Hartnäckigkeit versprach Josef ihnen mitzugehen, nicht um sich etwas Gutes zu tun, sondern aus Liebe zu ihnen. Sie waren beim Militär, wo jeder für den anderen einspringen sollte. In Vierergruppen marschierten alle los. Josef war bei den Ersten. Dort angekommen lautete sein eigener Befehl:

„Halt! Jetzt kriegen wir erst das Geld.“ Auf seinen Geiz beharrend tobte der junge Russe mit ihm schnaubend herum. Er drohte ihm kein Essen zu geben und Josef verkündete laut:

„Ihr müsst mir geben, mein Vaterland zahlt für mich!“ Ein paar Kameraden begannen zu schaufeln. Wütend, riss Josef ihnen das Werkzeug aus den Händen und warf es auf die Erde. Zivilisten waren zu Hunderten da, die den Aufstand beobachteten und sich zuredeten: „Guter Soldat.....!“ Josef sah, sie hatten Verständnis für ihn und fühlte sich gleich nochmals doppelt bestärkt. Der Führer wollte alle durch die Tür treiben, aber Josef blieb gleich an der Tür stehen und bestand laut böhmisch schimpfend auf die Forderung:

„Ihr wollt Euren Krieg gewinnen und habt keine neun Rubel für sechzig Mann? Könnt Euer Wort nicht halten, wie wollt Ihr Euren Krieg gewinnen?“ Verärgert meinte einer, dass er erschossen werde. Voller Zorn, in seinem jugendlichen Leichtsinn, riss Josef die Kleidung auf.

„Schieß....!“ Wenn ich im Feld gefallen wäre, so wäre ich jetzt auch hin. Er packte Josefs Schulter und zerrte ihn zur Mauer, hielt ihm bereits das Gewehr an die Brust und schrie, on mena‘w baschnü posadit, (er wird ihn in den Turm sperren) obwohl Josef verstand erklärte er schlagfertig:

„ne ponimaju,“ d.h. verstehe nicht. Verärgert ging der Russe drei Schritte zurück, lud das Gewehr im Anschlag und zielte auf ihn, während Josef auf den todbringenden Schuss wartete. – Dann ließ er ab von ihm.

Sie sahen, dass Einschüchterung bei ihm nicht zog. Einer von ihnen rannte zur Kanzlei und kam mit einem Herrn zurück. Der Soldat deutete gleich auf Josef.

Erwartungsvoll begann er:

„So schaut`s! Wir sind jetzt erst frisch vom Feld gefangen. Bei uns hat jeder Hunger. Ihr versprecht alle und gebt nichts. Jeden Mittag gibt‘s Brot, die meisten essen es gleich, andere heben es sich noch für den Abend auf und morgens hat niemand etwas übrig. Ihr versprecht und gebt nichts, wie soll man da arbeiten?“ Josef merkte, dass er sein Anliegen verstand. Der Herr beauftragte einen Soldaten, einen ganzen Wäschekorb voll Brot zu bringen. So geschah es. Einer nach dem anderen stellte sich an, holte sein Brot im Wert von fünf Kopeken und zusätzliche zehn Kopeken. Damit jedem offenbar wurde, dass der Aufstand, den Josef inszeniert hatte, ihm nicht alleine galt, ging er als Letzter. Jeder bekam seinen Anteil, außer ihm. Entweder hatte sich jemand zweimal bedient oder war ein Stück Brot zu wenig. Gegenüberstehend begann Josef zu predigen:

„Kameraden, für euch tat ich das unter Lebensgefahr. Ihr alle könnt es bezeugen, alle habt Ihr Brot bekommen, ich allein nicht."

„Ha, ha, ha, ha... !" Das war Grund zum Lachen. Wenn einer auch nur gesagt hätte, hier nimm auch ein Stück – keiner. Das war nicht schön. Dafür erhielt seither jeder regelmäßig seine fünfzehn Kopeken.

Ein anderes Mal fuhren sie mit dem Zug südöstlich nach Wilriwolsky, das liegt in Siebenbürgen und gehört heute zu Rumänien. Es war an einem kühlen Herbsttag, und als sie ankamen, konnte sich wer wollte zur Arbeit im Wald melden. Josef dachte, wenn es einen Kälteeinbruch gäbe, würde man schon Feuer machen, gehst auch. Ungefähr vierzig Mann sammelten sich. Die Begleitmannschaft führte sie. Vorort fanden sich allerdings nur eine Säge, zwei Beile und zwei Schaufeln. Die Arbeit an der Säge, begann also erst am zweiten Tag. Von morgens bis abends fällten sie riesige Bäume. Zwei Mann sägten, die anderen Beiden schlugen kräftig mit dem Beil eine Fallkerbe, das ächzte und krachte im Stamm und die Luft duftete süßlich, nach frischem Holz. Am Samstag kam ein Verwalter um dem Leiter der jeweiligen Gruppe den weiteren Arbeitsablauf zu erklären. Bei dieser Gelegenheit hofften sie natürlich zugleich ihren Lohn zu erhalten. Es war mal wieder vergebens, denn sonntags gab es nichts und montags auch nicht und so wandten sie sich verzweifelt an Josef und baten um Rat. Da ihm ihr Anliegen besonders am Herzen lag, sagte er zu ihnen:

„Die Russen schickten uns schon am Vormittag ins Lager, wißt's was, wir gehen am Nachmittag nicht in den Wald hinaus, machen uns gemütlich ein Feuer und erzählen Geschichten." Dies setzten sie in die Tat um. Später kamen Rumänen, die ihnen entgegen posaunten, dass sie am Nachmittag auch nicht arbeiten würden, was alle natürlich begrüßten.

„Ja, wenn die Rumänen nicht arbeiten, brauchen wir das auch nicht, so können sie nicht behaupten, die Deutschen machen einen Krawall", bestärkten sie einander.

Die Russen aber merkten es und holten vorsichtshalber gleich einen Herrn aus der Kanzlei. Dieser setzte sich zu den Russen und ließ jeden Einzelnen eintreten. Jeder wanderte mit seinem Zettel hinein und bekam ganze fünfundzwanzig Kopeken. Jeden freute es ungeheuerlich, weil auch jener Tag, an dem wegen mangelndem Werkzeug nur wenig gearbeitet werden konnte, bezahlt wurde.

So vergingen Wochen, es wurde kälter und wenn man in die Luft hauchte, spürte man schon den Winter. Immer noch gab es große Bäume zu fällen. Sie schliefen noch ruhig, plötzlich riss und krachte es nacheinander vom Walde herein. sie stellten fest, dass die Russen mehr arbeiteten, als sie.

Als der erste Schnee in die Berge fiel, hieß es: „Marsch ins Lager!" Dort angekommen trafen sie die Zurückgebliebenen, die alle Pritschen zusammenschlugen und jubilierten.

„Was ist los? Seid es alle verrückt?" Sie waren ganz außer sich und meinten heimfahren zu dürfen.

Zwei Tage später marschierte dann die gesamte Mannschaft tatsächlich zum Bahnhof. Am 10. November 1915 setzte sich der Zug in Bewegung. Dann fuhren sie in vollem Tempo gegen Westen.

„Heim geht's, heim geht's, hallo, wir dürfen heim!" Himmelhochjauchzend stimmten ein paar Soldaten Lieder an. Fröhliche Heiterkeit überstrahlte das kurze Glück. Auf einmal setzte die Bahn eine große Schleife gegen Osten an. Jetzt haben sie geschaut...! Der ganze Zug war jetzt still. Was haben sie nur mit uns vor? So gelangten sie immer weiter weg von der Heimat.

Eine überaus abenteuerliche, aber auch unvorstellbare Flussüberquerung erwartete die Kriegsgefangenen. Alle mussten aus dem Zug steigen. Wälder und Wildnis säumten beide Seiten des Flusses. Das harte Schicksal führte sie in die Gefangenschaft.

Die Flussufer waren mit einem parallel laufenden, ungefähr sieben Zentimeter Durchmesser dicken Drahtseil, verbunden. Das Seil war fast doppelt so lang, wie der Fluss, weil es total durchhing. Jeder musste eine dafür vorgesehene Holzplatte nehmen und sich mit dem Seil an das andere Ufer ziehen lassen. Der unbekannte Fluss war etwa 400 Meter breit. An einer primitiven Seilwinde drehten mehrere Menschen wie Sklaven mit unglaublicher Muskelkraft das Seil. Unterwegs war für genügend Abkühlung im eiskalten Wasser gesorgt, weil man regelrecht untertauchen musste.

Am anderen Ufer kam dann jeder braun triefend an und stellte fest, dass am Leib und der Uniform ganz viele Flöhe klebten. Es wimmelte geradezu von Flöhen. Die ganze Prozedur nahm viele Stunden in Anspruch, bis der gesamte Zug Kriegsgefangener auf der anderen Seite des Wassers anlangte. Wehmütig schaute Josef nach Westen. Wie sollte er da noch einmal heimkommen? Schnatternd vor Kälte stiegen sie dann wieder in einen weiteren Zug. Lange dauerte es, bis ihre nasse Uniform wieder trocken wurde.

Marsch nach Sibirien

Andere Kriegsgefangene wurden auch in den Zug gesteckt. Sie glaubten heimfahren zu dürfen.

„Ja, wir haben es auch gemeint," tröstete sie ein anderer .

Ein Soldat schaute zur Waggontür rein, warf einen Blick zu ihnen und sagte mit lauter Stimme: „Marsch nach Sibirien!" Dann verschloss er die Tür, und der Zug setzte sich in Bewegung. Nach einigen Tagen Fahrt spürten alle den Klimawechsel, dass es nicht mehr kalt, sondern eisig war. Der Schnee lag schon tiefgefroren am Boden. Der Zugwaggon war in der Mitte mit einem kleinen Kachelofen ausgestattet. Drum herum waren Pritschen aufgestellt, wo die Kriegsgefangenen die meiste Zeit schlummerten. Hatte das ständig klappernde Zuggeräusch aufgehört, erwachten alle aus ihrem Schlummer. Der Zug stand still. Meistens wurde bei dieser Gelegenheit die Begleitmannschaft gewechselt. In der russischen Einsamkeit kamen sie nur selten an Eisenbahnstationen vorbei. Manchmal dauerte es vierundzwanzig Stunden, dann wieder tauchte schon nach zwei Stunden ein Bahnhof auf. Am Tag bezahlten die Russen vierundzwanzig Kopeken. Jetzt kaufe dir etwas, wenn der Zug nicht hält. Es kam sogar vor, dass ihnen die Russen überhaupt nichts gaben und sich das Geld selbst zusteckten. Das passierte immer wieder, wenn die Begleitmannschaft gewechselt wurde. Beschwere dich! Aber wo, bei den Wölfen im Wald? Manchmal hatten sie dann längeren Aufenthalt, aber kein Geld. Viele waren ausgehungert. Ein Kriegsgefangener kam an einem offenstehenden Küchenfenster vorbei, herr1icher Bratenduft stieg auf und als er hinein schaute, entdeckte er einen prächtig verlockenden Schinken. Er beobachtete dahinter die fleißig waltende Köchin. Wie musste ihm das Wasser im Munde zusammengelaufen sein, wie sollten die Kriegsgefangenen Sibirien überstehen, es hatte doch jeder Hunger bei dem wenigen Brot, das zum Leben zu wenig und zum Sterben zu viel war. Der Versuchung konnte er nicht widerstehen. Schnell hatte er den Schinken gestohlen und rannte zurück. Mit dem Messer zerschnitt er ihn geschwind, so dass jeder ein Stück nehmen konnte. Doch die Frau hatte es nicht übersehen, lief aufgeregt zum Offizier und machte einen Aufstand, bis dieser alles durchsuchte. Weil er aber keinen Schinken fand und erst recht keinen Dieb, griff er einen Soldaten heraus, der es gewiss nicht verdient hatte, aber alles immer erst begriff, wenn es vorbei war. Er gab ihm mehrere Watschen und schaffte sich so die rebellierende Frau vom Leib.

Das weite Land, das der Zug durchquerte war von unergründlicher Weite gekennzeichnet. Der europäische Osten, sowie das gewaltige Asien war übersät mit unzähligen Feldern, Wäldern und Wiesen, durchzogen mit breiten Strömen und dem Uralgebirge. Wahrhaftig, ein von Menschen dünnbesiedeltes Land. Die Blicke schweiften bis zum Horizont. Unendlich wirkten Felder, Wälder und Wiesen. Selten tauchten kleine Bauerndörfer auf. Es dauerte Tage bis die nächste Stadt erreicht wurde. Der lange Gefangenschaftszug kämpfte sich langsam durch die rauen, kalten, sibirischen Wälder. Sie sahen zahllose Birkenhaine,

Nadelwälder, Sümpfe, Seen und mächtige Ströme. All dies klingt so typisch für Sibirien. Nirgends sonst auf der Welt gibt es so endlos viele Birken zu sehen. Eine ewige Wildnis. Es gab keinen Zweifel mehr, dass alles zu einem unvergessenen Abenteuer führen würde. Ein leuchtend feuerroter Abendhimmel ließ auch jenen Tag schwinden. Die eiskalte Finsternis verschluckte das letzte Licht.

Im Waggon machte sich ein Kamerad bemerkbar. Er stellte sich zwischen zwei Türen und begann zur Luke hinaus zu schiffen. Eine Stimme schreckte ihn auf:

„Was manst, wenn dir draußen a Madel zuschaut?“ Empört weiß dieser:

„Du Depp, draußen ist doch finster.“ Wieder ruft einer: „Manst, dass die roten Hoar nied auffallen.“ Da wurde es ihm doch zu bunt und er gab dem anderen zu verstehen:

„Leck mich am Orsch!“ Der ganze Waggon hörte das und ein lautes, schlaftrunkenes, Gelächter durchdrang den Zug. Dann wurde es ruhiger. Nur das lästige Rotieren von Rädern auf endlosen Schienen blieb.

Ein tiefer Schlummer, bevor das Tageslicht anbrach. Draußen huschten in morgendlicher heller Spätherbstsonne Birken vorbei. Manche waren noch zart von ihrer mädchenhaften Frische. Die Stämme schimmerten silberweiß. Andere erschienen vom Alltag geprägt, kantig und borkig mit schwarzen Streifen und Flecken zwischen dem weiß, aber sie hoben ihre nahezu leeren Kronen stolz zum Himmel empor und wirkten mit Schnee bestäubt, wie märchenhafte Säulen. Der sommerliche Blumenflor war längst dahin gesunken und kalter Frost bedeckte die weite Einsamkeit. Wieder einmal waren ihre Leiber ausgemergelt. Wie lange würde es noch dauern bis zur nächsten Station? Vom zermürbenden Hunger geschwächt stiegen sie beim nächsten Bahnhof aus dem Waggon und beobachteten meistens aus Zeitvertreib die Russen bei ihrer Arbeit. Lief da nicht zufällig eine Frau mit einem großen Korb gefüllt mit Wecken? Jetzt kaufe dir was, ohne Geld! Die Blicke der Kriegsgefangenen konzentrierten sich auf die eine Frau. Einer sprang hin, klopfte fest von unten an den gefüllten Korb damit die Semmeln in hohem Bogen hinausflogen. Ohne nachzudenken stürmte die hungernde Meute los. Blitzschnell hatte jeder die Beute geschnappt und verschwand im Zug. Fassungslos stand nun die gute Frau mutterseelenallein da. Und als sie in vollem Umfang begriffen hatte was geschehen war, tobte sie wild und beschwerte sich später bei der Begleitmannschaft, die alle Waggons durchsuchten und weil sie mal wieder nichts fanden, wendeten sie den Spieß und schimpften fest und eindringlich mit der aufbrausenden Frau.

Tage und Nächte vergingen, dann kam der Baikalsee, tiefster und ältester See der Erde, 1741 m tief, 636 km lang, im Winter zwei Meter dickes Eis. Die Wiener, die mit dabei waren konnten es kaum fassen, der See war am 8. Dezember noch offen. 1915 war die Strecke der transsibirischen Eisenbahn an der Gebirgsreichen Südspitze des Baikalsees schon fertiggestellt. Das Teilstück, etwa 250 km lang zählte 39 Tunnels und 13 Durchfahrten. Die Zeit vor der Fertigstellung fuhr man im Sommer mit der Fähre über den See, im Winter konnte man problemlos Schienen auf das zwei Meter dicke Eis verlegen.

Früher einmal ängstigte sich ein Fuhrmann an dem winterlichen Projekt und äußerte große Bedenken. Im Winter hatte dieser sowieso keine Arbeit, darum packte ihn die Gendarmerie und setzte ihn als Wächter mitten auf den See. Als der Winter langsam nachließ hörte er stellenweise, wie das Eis krachte. Sofort telegrafierte er zur nächsten Behörde, die es aber nicht kümmerte.

Die Zeit verstrich bis es eines nachts plötzlich so laut krachte, dass er völlig erschrak und aus dem Schlaf gerissen wurde. Er ging sogleich schauen, was geschehen war. Bei seinem nächtlichen Gang auf dem Eis sah er von weitem den Mond im Wasser spiegeln. Was jetzt tun? Das Eis war weg. Der Zug aus Europa musste bald eintreffen. Er eilte zurück. Da hörte er schon das ferne Rauschen des Zuges. Mit einem roten Fähnchen schrie und winkte er entgegen. Unaufhaltsam sah er die Eisenbahn an ihm vorbei donnern. Wehmütig sank er auf das Eis, ein kurzer Blick noch in die Ferne und er sah wie der lange Gigant im Wasser versank. Von dem Fuhrmann las Josef auch noch Jahre später in Deutschland, wo er sich nach dem Unglück als Maler in München etablierte. Von dem Schrecken gekennzeichnet, malte er nur grausame mit Angst und Tod verbundene Bilder.

Am Baikalsee hielt die Lokomotive wenige Stunden. Es soll das sauberste Wasser der Erde sein, dazu tragen besonders die hier lebenden Krebsarten bei, denn sie vertilgen alle belastenden Materien, d.h. auch dass der Baikalsee noch nie eine Leiche zurückgab. Wenn die Umweltschutzpolizei des Sees, Millionen Krebse, aufräumt, frisst sie Menschen mit Haut und Haaren, Kleidern und Knochen. Ebenso, wie das Leben im Wasser ist auch die Erde unter dem Baikalsee bis heute noch in Bewegung und das seit Millionen von Jahren. Ein ganzer Uferabschnitt von ungefähr 200 km versank erst im Jahre 1892. Vom gesamten Süßwasser der Erde verschluckt der Baikal allein ein Fünftel. Kein Russe ließ sich die Chance entgehen, das kristallklare kalte Wasser aus dem tiefsten See der Erde, das heilige Meer der Russen, zu trinken, damit er voller Stolz behaupten konnte, er habe aus dem Baikal getrunken.

Die unberührte Landschaft hier war geradezu grandios. Das tiefblaue Gewässer, – umrahmt von mächtigen Bergen, – umschloss die Wälder einer ewigen Taiga.

Die Zukunft der Deutschen war noch sehr unklar in aller Ferne. Niemand wusste, wie es weiterging. Wieder vergingen Tage und Nächte. Noch 700 km durch die Wildnis der Taiga, dann, endlich nach einem Monat Eisenbahnfahrt am 10. Dezember 1915 war das Ziel erreicht.

Tschita liegt im Jablonoi-Gebirge an der transsibirischen Linie. Man trieb alle Kriegsgefangenen aus dem Zug und scheuchte sie wie eine Herde Schafe, die mit aller Mühe von Schäferhunde zusammengehalten wurde, von Tschita durch das in Schnee versunkene Land. Josef sah das Lager von der Ferne. Es lag außerhalb der Stadt und wirkte wie eine eigene Stadt aus endlosen Baracken. Der Schnee unter den Füßen knirschte. Mann an Mann wanderte sicher in die für ihn vorbestimmte Gefangenschaft. Keiner hätte es zu sagen gewagt, ob sie hier jemals heimkämen. Die Baracken waren nummeriert und reihten sich in Abständen in alle Richtungen. Eine Baracke fasste ungefähr 400 Pritschen, wofür jeweils vier gemauerte Öfen mit Rauchfängen vorgesehen waren. Kältetaub empfingen sie die Innenräume ihres neuen Zuhauses. Es war schon sehr verdächtig, dass die Kohlen einfach kein Feuer fangen wollten. Misstrauisch standen sie der Sache gegenüber, bis sich ein paar Kameraden beschwerten, weil sie glaubten, dass es reine Absicht der Russen sei, sie erfrieren zu lassen. Aber, als die Russen kamen, heizten sie ihnen ein. Zunächst zündeten sie ein Feuer an und legten die ganzen Kohlen auf einmal in den Ofen, bis der Rauch die Kohlen zum Glühen brachte. Im Abzug war ein verstellbares Schließblech, wodurch die Hitze im Ofen gestaut werden konnte.–

Das Leben ging also weiter. Ein paar Tage später kam Josef dann zur Schneiderei. Dort fanden sich weitere zwölf tapfere Schneiderlein, denen man ebenso Fingerhut, Nadel und Zwirn überreichte. Es galt Uniformen zu flicken und zu verändern. Die meisten Uniformen waren zu eng. Sie hatten im ganzen zwei Nähmaschinen, so hätten sie die Arbeit ja oftmals in kurzer Zeit hinter sich gebracht, aber die Russen gaben ihnen nur 50 m Spulen Zwirn und der war allzu rasch aufgebraucht. In ihrem Eifer liefen sie dann jedes mal mit der Aufforderung zum Russen:

„Nitki nado! Zwirn brauchen wir.“ „Sejtschas.“(gleich)

Sie waren schon zu zehnt ohne Arbeit, da riefen ein paar Gefangene empörend: „Nitki nado“ und wieder hallte geruhsam die Erklärung „sejtschas“. Überhaupt war dies die Antwort für so vieles und vor allem die Erklärung für Trägheit. Lange dauerte es, bis sie ihren Zwirn erhielten. Gleich, – das konnte sowohl in einer halben Stunde, nach zwei Stunden, oder erst in drei Tagen in Erfüllung gehen.

Sibiriens raues Leben

Weihnachten 1915 stand vor der Tür. Je näher die Zeit vorrückte, desto stärker pulsierte Josefs Heimweh. Der tiefgefrorene Schnee lag schon einen Meter hoch. An Heiligabend waren sie alle voller Hoffnung auf besseres Essen, aber das traf zu ihrer Enttäuschung überhaupt nicht ein. Die Russen stellten eine kärgliche Föhre in den Speiseraum, weil hier keine Tannen wuchsen. Das schmächtige Bäumchen war mit vier kleinen Lichtern geschmückt. Andächtig standen alle mit ergriffener Stimme davor und sangen das Lied: „Stille Nacht, Heilige Nacht“. Anschließend wurde zuerst die österreichische und dann die deutsche Hymne angestimmt. Gegen Ende musste schneller gesungen werden, weil sonst vorher, die Lichtlein ausgebrannt wären. Wehmütig war Josef in Gedanken versunken, daheim.

Seine Illusionen wuchsen als ein Kriegsgefangener Offizier stürmisch die Tür öffnete und ihnen freudestrahlend verkündete: „Wir fahren bald heim, weil die Japaner angreifen werden! Die Züge stehen schon bereit!“

„Hurra, Hurra, Hurra...!“ Die Tür war noch nicht zu als er die Hand zum still sein vor den Mund hob und es sich als geglückter Schwindel herausstellte.

Das Essen blieb auch weiterhin schlecht, Brot gab es zwar in Fülle, es war aber immer schwarz verbrannt und hatte einen eigenartigen Beigeschmack wegen des verwendeten Fischtrans. Zum Mittag gab es hier an jedem Tag der

Gefangenschaft kontinuierlich, selbst wenn Josef hier hundert Jahre verbracht hätte, immer fortwährend Hirsebrei.

Zum Essen hatte jeder einen hölzernen Löffel. Sie saßen zu zehnt um den Holztisch. In der Mitte wurde eine große Schale mit Hirsebrei auf den Tisch gestellt. Alle hatten Hunger und ein Wirrwarr von Besteck drang von allen Seiten in die Schüssel mit dem Brei. Hier herrschte noch das uralte Gesetz des Schnelleren. So löffelte die Menge aus einem Topf. Hände mit vollen Löffel schlangen sich durcheinander um die Arme der Tischgenossen. Mit dem täglichen Brei war es schwer sich auf unbefristete Dauer anzufreunden. Besonders im Vorratsschuppen nagten die Tiere und wenn sich in den gelagerten Säcken eine Maus etablierte, wurde sie halt mitgekocht. Das kam auch vor. Als sich jemand besseres Essen wünschte erhielt er die bekräftigte Antwort, dass Kriegsgefangenen nur so viel gebührt, damit sie nicht verhungern. Nach dem Abendessen zogen sich die Meisten in die hölzernen Baracken zurück.

Hygiene war hier ein Fremdwort. Mit ihnen bewohnten zahlreiche Flöhe und Wanzen, Ratten, Mäuse und Kakerlaken ihr Domizil. Wenn alle am Abend in ihre Pritschen fielen und das Licht erloschen war, dauerte es nur wenige Minuten, bis Mäuse aus ihren Höhlen hervor gekrochen kamen und quietschend durch das Lager zischten. Nur Bussarde stürzten sich im Sturzflug ungehemmt auf die Mäuse bei Tage hernieder. Schon bald baute Josef provisorisch, eigens inszenierte Mausefallen, wofür mindestens zwei Backsteine zum Erschlagen des Eindringlings nötig waren.

Tagsüber schneiderte Josef von morgens bis abends. Einmal waren es Hunderte von Handschuhen die genäht werden mussten . Ein andermal galt es Uniformen zu flicken oder Mützen zu wenden. Sie bekamen fünfzehn Kopeken pro Tag.

Hatte Josef genügend Geld gespart, ging er in die Stadt um sich ein anständiges Essen zu kaufen. Er war gerade mit seinem ungarischen Kameraden unterwegs zur Stadt. Manchmal gab es dort Gulaschsuppe mit viel Paprika zu kaufen. Der Ungar wunderte sich wegen der vertrockneten Paprika und meinte:

„Da müßt's erst a Gulasch essen in Budapest beim Groß!“ Josef erinnerte sich an die scharfen Paprika, wie es ihm nur im Hals brannte.

„Budapest beim Groß, ist der -visavis von der Straßenbahn,“ fragte ich.

„Ja.“

„Sag, wann hast dort a Gulasch gessen?“

„1914... !“

„Ich hab's schon im Dreizehner Johr gessen.“ Da war er zutiefst verärgert. Josef lachte nur...

Die städtische Atmosphäre war nicht nur von dem dominierenden, sibirischen Volk geprägt, hier siedelten sich auch Chinesen an. Sie waren kleiner und hatten kurze Nasen aus denen oft der Rotz herausschaute. Interessiert, sahen die Europäer ihnen bei den Einkäufen nach, wenn sie das Zeug, mit schwerbeladenen Stangen auf den Schultern liegend nach Hause schleppten. Ein Arm diente ausgestreckt als zweite Stütze, während die Stangenenden mit Krügen und Kesseln schwer behängt waren.

Auch wenn die Europäer hier in sibirischer Gefangenschaft lebten, ließ man ihnen doch die Möglichkeit offen zu gegebener Zeit das Lager zu verlassen. Das Lager war zwar bewacht, aber nicht mit Stacheldraht begrenzt. Versuchten Gefangene zu fliehen, setzten sie sich Selbst der tödlichen Gefahr aus, denn rundum Tschita gab es ja nichts anderes als gebirgige Wildnis mit schwer überwindbaren Wasserströmen, die von Süden nach Norden flossen, den Mooren und den hungrigen Bären und Wölfen.

Zur chinesischen Grenze waren es über vierhundert Kilometer, nach Europa Tausende. Einzige Möglichkeit zur Flucht hätte in der transsibirischen Eisenbahn bestanden, aber hierfür waren pausenlos Wachtposten im Einsatz.

Draußen herrschte eine eisige Kälte. Die Temperatur sank nicht selten auf minus achtundvierzig Grad Celsius und die ewigen Wälder waren tief verschneit. Ein brausender unangenehmer Wind peitschte pfeifend um die Baracke. Kein Zweifel, hier galt das uralte Gesetz des Stärkeren. Anfangs verwunderten sie sich über die vielen brennenden Feuerstellen, die um das gigantische Barackenlager der Gefangenen, besonders in kalten Winternächten durch massigen Birkenholzverbrauch die ganze Nacht durchbrannten. Sie meinten, es sei ein zusätzlicher Schutz vor Kälteeinbruch, dass es wegen hungriger Wölfe geschah, daran dachte zuerst niemand.

Aber es dauerte nicht lange, es war wohl eine schlaflose Vollmondnacht, da vernahm es Josef ganz deutlich, erst fern dann näher und eine schauerlich Kälte durchfuhr ihn. Die Wölfe heulten, – laut und jaulend hoch, war dies der Ruf der sibirischen Wildnis oder die Erregung vor dem Kampf gegen den Hunger? Seine Gedanken erinnerten an die zum Schutzwall errichteten knisternden Feuerwände und das war jetzt doch von wohltuender Beruhigung. Der Schnee hielt noch lange und die Flammen mochten noch viele raue Winternächte vor den Raubtieren schützen. Und die Tage wurden länger, der sibirische Frühling erwachte Mitte Mai aus dem Dunkel der Zeit und in wenigen Tagen waren die Wiesen prächtig in Blüte, die Birken standen voll im Saft, die Vögel sangen aus goldener Kehle und warme Sonnenstrahlen waren so angenehm.

In jenen Tagen hörten sie von Kriegsgefangenen, die in den Wald auszogen und dabei eine gefährliche Bärenmutter mit zwei Bärenjungen aufspürten. Ihr Wunsch lag darin, erneut aufzubrechen, um bei günstiger Gelegenheit ein Junges zu rauben und selbst aufzuziehen. Doch Tage vergingen und sie waren wie verschollen und tatsächlich fand man sie erschlagen vor der Bärenhöhle. Ihre Körper waren die Beweise, dass es schwere Kämpfe zwischen Mensch und Tier gewesen sein mussten .

Eines Tages beobachtete Josef vor der Baracke einen Saukrach zwischen zwei gebürtigen Russen und einem Kosaken. In den entsetzlichen Gesichtszügen der Dreien zeichnete sich viel Hass ab. Die Russen tobten im Zorn und scheuten keine Aggressionen. Russen und Kosaken hier waren sich ein Dorn im Auge. War es eingefleischter Neid zwischen reich und arm? Denn wenn Kosaken einen Sohn zur Welt brachten saß die erste Hose schon stramm geziert mit eleganten gelben Streifen an den Seiten. Im zunehmenden Alter folgte die Rüstung nach und nach. Man schenkte ihm ein eigenes Pferd, ein Gewehr mit Säbel und wenn er zum lebenslänglichen Militärdienst einrückte, besaß er bereits seine eigene Kampfausrüstung.

Die Russen hier schürten Hass verfluchten ihn barbarisch und schimpften laut: „Und du bist ein Kosak“, holten mit der Hand aus und schlugen ihm mit voller Wucht ins Gesicht, dann fragten sie wieder:

„Und du bist ein Kosak?“ Sie schlugen ihn, solange bis er blutend in die Knie sank.

Aber diese Verhaltensweise konnte man ganz und gar nicht verallgemeinern, denn die Behandlung der deutschsprachigen Gefangenen war außerordentlich gut, zumal es nicht lange dauerte, bis sie begriffen, dass sie ihnen in Sachen Fortschritt weit überlegen waren. Wie umständlich sie arbeiteten zeigte sich vielfach, zum Beispiel am Bau. Wenn der Russe Steine zum Mauern brachte, packte er sie gebündelt in einen Sack und tappte damit über die Schultern gezogen vor Ort.

„Bloß da stehen bleiben und diesen umständlichen Unsinn nicht selbst mitmachen,“ ging es flüsternd durch die Reihen und sie mussten beim Zusehen alles daransetzen, um sie nicht vollends auszulachen. Nachdem sie die Gefangenen vergebens aufgefordert hatten ihrem Beispiel zu folgen, gellte nun eine scharfe Ermahnung durch die Luft. Da stellten sie sich in Abständen entlang, als wäre es schon lange erprobt. Einer warf dem anderen je einen Baustein zu, das ging flott und rasend schnell. Die Russen ließen ihre gefüllten Säcke fallen und starrten fassungslos, wie auf den Kopf gefallen, zu ihnen herüber.

Schnell wurde ihnen ihre eigene Umständlichkeit bewusst. Als die Holzbaracken in der Feuchtzone faulten, merkten sie die Unentbehrlichkeit ihrer überlegenen Gefangenen denn ein paar österreichische Gefangene übernahmen diese Arbeit, indem sie die Baracken gut abstützten und einen Sockel untermauerten. Dafür ließen sie sich ordentlich von den Russen auszahlen. Außer dem Essen und den beißenden Flöhen konnte man sich als Gefangener nicht beklagen.

Manche kosteten die russische Unbeholfenheit aus, sie arbeiteten in ihrem Beruf. Ein gewöhnlicher Schuster war dort Schustermeister und so erging es vielen, die nach ihrer Entscheidung zur Selbständigkeit ein prächtig florierendes Geschäft hatten und aus den Hosentaschen volle Hände mit puren Goldmünzen holten. Josef hätte auch sein Lebtag dort bleiben können, er hätte ausgedehnten Grundbesitz kaufen können, man hätte sich frei entfalten dürfen, denn das Land ist unendlich groß; es ist nicht die heimatliche Enge, dass man sieben Schritte vor das Haus trete und der Fuß stünde schon auf dem Grund des Nachbarn, der ihn dann fragen würde, ob es bei ihm drüben auch gefallen würde. Nein, trotzdem, das wollte er doch besser nicht. Heimweh war nicht zu verleugnen, – obwohl er sich ein Bild von einem Leben in diesem von Kälte tauben Land ausmalte, wollte er doch auf keinen Fall bei den Russen bleiben. Aber im Allgemeinen waren die Russen bis zur revolutionären Wende gute Menschen. Wenn der Nebel über die Fremde am Boden entlang zog und ein fremder Russe begegnete Josef, so tröstete er ihn, denn er wusste ja, dass jeder gerne heim wollte. Er winkte und sagte:

„Nemez“(Deutscher)

„Bald fährst heim,“ obwohl er es selbst nicht glaubte lag ihm sehr daran im grauen Alltag einen kleinen Schimmer Hoffnung zu schenken.

Am Abend gingen die Kriegsgefangenen in die Baracken, verbrachten die restlichen Stunden entweder mit Kartenspiel, Schach und Wolf und Schafspielen oder ruhten auf den Pritschen aus. Josef entsann sich an ein besonderes

Erlebnis. Es war noch heller Tag, trotzdem befanden sie sich an jenem Tag in der Baracke, da begann aus der Ferne ein unheimliches Rauschen. Zunächst ignorierte er es und zerbrach sich darüber keinen Kopf. Doch von Minute zu Minute wurde es stärker, lauter, deutlicher.

In der, knapp vierhundert Mann, Baracke ist es still geworden. Jeder horcht. Hier und da lodern ängstliche Fragen auf. Keiner weiß recht, was sich draußen abspielt. Dann kommt das prasseln näher. Es kann nicht mehr fern sein und gewiss dauert es nicht mehr lange bis das stürmisch flutende Unheil bei ihnen ist. Wartend, lauschend sitzen sie da. Das Rauschen verwandelt sich in ein rennendes Ungetüm. Als ob eine wilde Herde zu ihnen hernieder stürmt. Ein prasselndes Galoppieren, der Boden zittert. Kameraden, Freunde strömen in dem Wirrwarr zur Tür. Jeder will neugierig das einzigartige Schauspiel sehen. Draußen rennen Wildpferde am Lager vorbei. Ihre Zahl ist schwer abzuschätzen, da rennen Hunderte oder gar Tausend. Kleine struppige Pferde, von etwa ein Meter und fünfunddreißig Zentimeter Schulterhöhe, der Körperbau ist gedrungen mit kurzem sehr kräftigen Hals, kurzer Stehmähne und großem Kopf mit mächtigem Unterkiefer. Das sind Prschewalskijpferde, noch die einzigen Wildpferde der Welt. Freilich gibt es in Südamerika auch noch, die man aber irgendwann einmal von Europa einführte und die erst später verwilderten.

In der Folgezeit beobachtete Josef sie immer wieder, wenn sie in langen Zeitabständen manchmal das riesige Gefangenenlager durchzogen, sich aufhielten und Nahrung suchten. Einmal versuchte er sich an ein Pferd von hinten heranzuschleichen, das ihm sofort wiehernd die gefährlichen Hufe drohend entgegenstreckte. Aber es gab auch genügend Reitpferde. Für russische Kinder waren sie eine wahre Freude und gehörten ebenso wie das Laufen lernen zum Leben. In einem nahegelegenen Dorf sah er oft den Kindern im Sommer zu, die noch nicht mal anständig auf den Beinen standen, wohl aber zu Pferde ritten. Glücklich standen sie zwischen den Pferden und freuten sich. Und wenn die Großen, die Kinder beim nebenstehenden Pferd hochhoben und diese nur die Mähne erwischten, schoss ihnen das Dragoner Blut in die Adern.

Mit hops, hühhott schwangen sie sich auf den Pferderücken und der wilde Ritt ging los. Das Pferd war für die sibirischen Bauern existenziell so notwendig, wie heutzutage bei vielen Menschen das Auto oder der Traktor. Eingespannte primitivste Wägen oder Schlitten erfüllten im Sommer, wie im Winter, nicht nur bei der Heu- Heimfuhr aus den Stadeln, ihren Zweck.

Der sibirische Sommer war kurz, aus Herbst wurde Winter. Noch bevor der Dauerfrost den Boden eisig hart fror, rückten russische Totengräber aus und schaufelten Gräber, so viele, wie beiläufig sterben könnten. Vor Krankheiten hatte jeder Angst. Die ärztliche Versorgung war unzureichend und erbärmlich, deshalb gab es wenig Hoffnung für ernsthaft Betroffene.

Ein ungarischer Doktor nahm sich den Kranken in den Baracken gütig an und umsorgte die Schwachen. Er hieß Christian, bekam später selbst ein langes schweres Leiden und konnte sich nicht mehr helfen, bis man ihn vor Schwäche, halb erschlagen im Bett fand. Am nächsten Morgen wollten ihn die Russen in ein Krankenhaus abtransportieren, aber er starb noch am gleichen Tag.

Nächtliche Schinagelfahrt, Tataren und eine selige Weihnacht

Vor der Barackentür befand sich eine Wasserpumpe, ein Holztrog mit einfachem Nagel, dessen Kopf beim Herunterlassen den Wasserablauf, zum Waschen oder Pferdetränken, verschloss. Damit die Gefangenen einigermaßen rein, gesund und abgehärtet blieben, wuschen sie sich regelmäßig im Sommer wie im Winter von Kopf bis Fuß mit dem eiskalten Wasser und versuchten sich stets zu entlausen. Die Art und Weise, wie sich allerdings Russen wuschen, war für die Europäer nicht mehr feierlich. Verfroren stiegen sie morgens aus dem Nest, hoben mit einer Hand den Mantel, die andere hauchte vorsichtig Wasser ins Gesicht und Brust – fertig. War das ihr ganzes waschen? Anfangs glaubte es Josef jedenfalls, bis er in ihren heimischen Häusern, und waren sie noch so arm, Bäder und vergleichbare Saunen (Banjas) entdeckte, die zwar ganz primitiv gebaut waren, aber gute Dienste leisteten. Zwischen glühenden Steinen hatte er später die Gelegenheit mit einem russischen Offizier so ein typisches Dampfbad zu nehmen, der sich während den Hitzebrühen unter Schluchzen eiskaltes Wasser überschüttete.

Noch ahnte Josef nichts, als er einmal vor der Barackentür sitzend die abendliche Luft genoss. Ein Kamerad hatte Post abgeholt und verteilte sie an die Glücklichen. Rief da nicht der Bote deutlich, Schulz Post! Josef rührte sich nicht, denn er glaubte ihm nicht. Allzu oft wartete er darauf ohne jemals etwas erhalten zu haben. Kein Wunder also, dass seine Wünsche nach diesen harten Jahren allmählich ganz abstumpften. Erst als ihm der Postbote die Karte unter die Nase hielt, flammte er emotional auf. So begann ein aufrechter Briefwechsel, bei dem er von Heimat und Familie aus weitester Ferne erfuhr.

Mächtig erfreute er sich auch an den Hochfesten, wenn sie Predigten ihrer drei Geistlichen hören durften. Das Gotteshaus war von Kriegsgefangenen errichtet worden. Die meisten Kriegsgefangenen hatten ihr gottgläubiges Herz aus dem von Religion bewussten Österreich - Ungarn nicht verloren und so war man doch mächtig stolz drei Seelsorger mit der selben Sprache in gleicher Gefangenschaft zu haben. Die Russen jedenfalls hatten dafür Verständnis, mochten die Unterschiede der Konfessionen auch noch so groß sein. Am Osterfest hatten alle eine Freude. Begegnete man an diesem Tage gläubigen russisch - orthodoxen Christen, begeisterten sie fröhlich:

„christos welik
christos woskres
on woistinu woskres!"

„Christus war der Größte,
Christus ist erstanden,
er ist wahrhaftig auferstanden."(5)

Bei der Schneiderei arbeitete Josef bis ins Frühjahr. Dann verließen auf Befehl mit ihm vier weitere Schneider, fünf Schuster und ein Rasierer das mächtige Gefangenenlager.

Anfangs wusste wohl niemand, was die Russen mit ihnen vor hatten. Nach sieben Kilometer Fußmarsch erreichten sie die Stadt. Aus einem kleinen Lager, an dem man sie vorbei führte kam ein ganzer Schwall fröhlicher Männerstimmen entgegen. Kriegsgefangene, die heim durften und aus voller Brust sangen.

„Oh je, oh je," Josef hätte alles dafür gegeben und sich die Haare ausgerissen, „uns lassen sie da!"

Wenn das Leben in der Gefangenschaft auch weiterging, konnte sich niemand mehr beklagen, denn ein General sorgte für ihre Unterkunft, gutes Essen, einen gerechten Lohn mit zusätzlichem Trinkgeld, von den Offizieren. Jeder arbeitete auf seinem Fachgebiet für die Offiziere weiter und unter den Glücklichen bildete sich bald eine ausgezeichnete Kameradschaft.

Ein verheirateter Offizier, der zwei Töchter hatte, brachte Josef eine abwechslungsreiche Arbeit. Vertrauensvoll, gab er ihm zwei herrlich schneeweiße sibirische Hasenfelle und bat ihn zwei Kappen daraus zu schneidern. Als Josef sie fertig zurück brachte fragte der Offizier russisch was er dafür bekomme. Josef sagte, dass er kein Recht habe als Kriegsgefangener etwas zu verlangen, der Offizier aber bestand darauf rechtmäßig zu bezahlen. So nannte Josef den Preis von zwanzig Kopeken. Seine Frau belauschte es vor der Tür und vollführte ein fürchterlich lautes Stöhnen:

„Sto... sto... sto?" (Was?) Währenddessen nahm Josef freudig das Geld und ging.

Ein spezieller Geiz lag häufig beim Zucker, welcher für den Tee, der ohnehin sehr fade schmeckte, bestimmt war.

„Uns gebührt Zucker...! Wir haben bisher immer bekommen und wir wollen auch weiterhin Zucker," drängten sie den dafür zuständigen Soldaten. Daraufhin tobte der Russe mit ihnen schnaubend herum. Sie beteuerten:

„Wenn wir keinen Zucker bekommen, arbeiten wir nicht mehr.“ Wutschäumend warf er die Schneider hinaus. Er führte Josef und die anderen Schneider zum Offizier, bei dem er laut schimpfend sein verbittertes Herz ausschüttete. Wenn der Russe mit einem Offizier redete, musste dieser Haltung annehmen und während der ganzen Zeit salutierend die Hand an der Stirn lassen. Er schimpfte die Schneider übertönend beim Offizier und sie ebenso. Stürmisch überreizt wendete sich dieser schlagfertig zu ihnen und zog klangvoll den Säbel aus der Scheide. So, wie in einer Filmszene stand er drohend vor ihnen. Alle wie sie hier standen haben gelacht.... . Dabei schien er sich auch noch für einen Helden zu halten. Beschämend lehrte ihn der Offizier, dass man nie gegen wehrlose Menschen den Säbel zieht. Voller Demut musste er, den Säbel einstecken und den Schneidern legitim den gestohlenen Zucker geben.

In der Freizeit streifte Josef mit den anderen Schneidern auch schon mal durch die urigen Wälder. Sie wagten sich unbewaffnet nicht allzu weit in diese Wildnis, welche von Flüssen, Seen und Sümpfen und unbekannter Flora und Fauna durchdrungen war. Diese einzigartige Vegetation mit den Moospolstern und leuchtenden Beeren, – das sind die Wälder, bewohnt von mächtigen Raubtieren, den Wölfen, Bären, Luchsen, Wildpferden und den asiatischen Naturvölkern, den Tataren. Ja, und einmal standen sie inmitten dieser lebenden Wildnis, umgeben von den in der Luft erfüllten Geräuschen der Tierwelt. Aus allen Ecken ein Summen, Surren und Singen. Etwas verwirrt fiel ihr Blick seitwärts. Josef sah eigenartig aufgetürmte Lehmhügel. Die europäischen Gedanken seiner Kameraden brachten ihn darauf, dass da wohl Erdäpfel verscharrt sein mussten, genau wie sie es von Polen her kannten. Später erst verrieten die Russen, dass da echte Menschen drin wohnen würden. Diese einfachen Erdhütten interessierten sie seither, denn dieser Anblick schien geheimnisvoll wie ein Abenteuer. Zu dritt legten sie den Weg ein anderes Mal zurück und wagten, die gleiche Stelle aufzusuchen, an der sie alles aus der Ferne beobachten konnten. Langsam und stets sicher stapften sie dem Ziel näher und hofften auf freundliche Kontakte zu stoßen, um vielleicht ein seltenes Stück Fleisch zwischen die Zähne zu kriegen, was sich später aber als große Täuschung erwies. Vor dem Eingang empfingen sie bellende Hunde, – wären die nicht angekettet gewesen hätten diese sie sicher zerrissen. Unerlaubt drangen sie in eine dieser seltsamen Erdhütten ein, indem sie behutsam durch die kleine niedrige Öffnung stiegen. Die Wände waren mit Rundholz und Lehm befestigt. Hintereinander lagen mehrere Räume und im letzten stand ein blecherner Ofen, der glühte. Die Eingeborenen saßen dabei, es kochte und sie sogen nach der Luft, als wären sie in Trance versunken. Sie schwenkten die Hände wie bei kultischen Ritualen hin und her, lenkten die duftende Dampfluft zu sich, damit sie unter lautem Ächzen wie bei einer berauschenden Wirksamkeit inhaliert werden konnte. Der Anblick der hier versammelten Stammesfamilie jagte ihnen rasend Angst und Schrecken ein. Ihre Gesichtszüge zeichneten sich hart im Halbdunkel ab. Die Wangen der Tataren waren nicht rundlich geformt, sondern strafften nach innen gewölbt das Gesicht. Etwas übergroß standen darüber kräftige Backenknochen heraus und das schien besonders typisch für diese sibirischen Mongolen. Fleisch bekamen sie natürlich nicht, schweißtriefend hatte Josef nur den Gedanken; wenn wir da nur noch lebend hinauskommen-. Nach dieser erschreckenden Begegnung kehrten sie wohlbehalten zurück.

Nachdem Josef genug Geld gespart hatte, spazierte er mit seinem Kameraden, dem Franz aus der Stadt hinunter in die nächste Ortschaft. Denn da gab es für das erarbeitete Geld mal wieder ein seltenes Stück Fleisch oder einen anderen Leckerbissen.

Ein Schrecken, ein Rascheln, ein Sprung, plötzlich sprangen drei Männer mit Maschinenpistolen aus dem Dickicht. „Raubüberfall?“ Plötzlich standen die Drei sperrend vor ihnen und hinderten am Vorübergehen. Es gab kein Entrinnen mehr. Einer richtetet seine Pistole nervös auf beide, ein andere befahl unablässig:

„groschy jest, groschy jest“, ob sie Groschen haben! Josef erkannte an ihrer Aussprache, dass die Männer Russen waren. So streckte Josef ihm seine bescheiden ausgestattete Geldbörse offen unter die Nase – und der Räuber hätte sie ihm nur aus der Hand reißen müssen –, da erwies sich jene große Barmherzigkeit Sibiriens, die selbst in den gemeinsten Dieben noch steckte, wenn man sah, dass der, den man gerade auf so hinterhältige Art und Weise überfallen hatte selbst nicht viel hatte und darum riss er nicht gnadenlos alles an sich, sondern ließ einen Rest zum Überleben zurück. Dennoch war der Traum vom besseren Essen ausgeträumt, die Gauner verschwanden mit ihrer Beute, während Josef und Franz hungrig zurück ins Lager liefen.

Ein paar Kilometer von ihrem Lager entfernt, lag ein gewaltiger Stausee, wie in die Wälder hinein geschnitten, der die schweren Wassermassen durch einen von Menschenhand geschaffenen Damm aufhielt. Zwei Bäche sorgten für die Standhaftigkeit des Sees. Es war ein reizvoller Sommerabend, wie an jedem dieser Abende rief auch diesmal der verzweifelte Heinz:

„Wer geht heute Abend mit mir Schnaps trinken?“ Josef versprach es ihm. Einmal wollte auch er den Wunsch seines ungarischen Kameraden nachkommen. Er war ja ganz benommen von seinen Sorgen und seine einzige Hoffnung bestand doch letztlich aus dem Wiedersehen seiner Frau und den Kindern. Entlang an duftigen Sommerwiesen und schmalen Waldgürtel zogen sie bei lauem Abendwind der gemütlichen Wirtsstube entgegen. Die Sonne versank golden glühend im letzten Abendlicht. Der Weg war lang, so dass sie das Ziel erst in der Finsternis erreichten. Die Wirtin brachte gleich eine Flasche Kognak für den Stammkunden, stellte sie mit einer Porzellanschale auf den Tisch und drängte Josef zur Bestellung. Etwas verlegen wandte er sich an den Ungar:

„Der steigt einem erst nachher in den Kopf, wenn wir zusammen die Flasche austrinken haben wir gnu,“ erklärte dieser in seinem Dialekt, worauf die Wirtin fort ging und für Josef eine zweite Schale holte. Sie tranken sich recht lustig an und bestellten noch mehr. Zum Schluss hatte der Heinz etwa eineinhalb Liter getrunken. So gescheit war er noch um sich beim Erheben zu schämen, schwankte zur Tür heraus und kletterte auf allen Vieren die dreistufige Treppe hinunter. Dennoch hatten beide den übermütigen Einfall, den Rückweg mit einer nächtlichen Schinagelfahrt auf dem Stausee, zu verbinden. Entschlossen taumelten sie in fröhlicher Stimmung durch den finsteren Wald bis zum bewohnten Verleihhaus, an dem sie inmitten der Nacht solide anklopften und in der Tat ein Ruder ausgehändigt bekamen. Sie bedankten sich und taumelten zum Ufer, befreiten das nächstbeste Schinagel von dem am Uferpfosten befestigtem Strick und kippten beim Einstieg beinahe ins Wasser. Zwei Stunden ruderten sie lebhaft lachend im düsteren, schwarzen Gewässer ins blassfahle Licht des Vollmondes hinein. Wäre Josef nicht jedes mal bei den übermäßigen Gleichgewichtsstörungen seines Genossen, nüchtern vor Angst, auf die andere Seite gesprungen, wer weiß, wo sie heute wären. Am anderen Ufer stiegen sie aus, überließen das Boot mit einem Tritt seinem Schicksal zurück und gingen um Mitternacht heim ins Lager.

Am nächsten Morgen in der Frühe brummten noch immer die Köpfe, die Arbeit schmeckte nicht und sie erfuhren, die unglaubliche Nachricht, dass der Staudamm in gleicher Nacht noch gesprengt wurde. Es konnte sich nur um wenige Stunden nach ihrer schauerlichen Schinagelfahrt gedreht haben – und wie in einem wilden tosenden Wasserfall wären sie wohl in die Tiefe gerissen worden, aber der Herrgott meinte es auch diesmal gut mit ihnen.

Und wieder vergingen Wochen, – die Tage wurden ziemlich rasch kürzer. War noch vor kurzer Zeit die angenehme Wärme des Sommers mit der Kraft allen Lebens zu spüren, holte der erste Frost jetzt all jenes, das schwachen Ursprung war und im Schutz des Sommers verschont blieb. Die Blätter fielen verfärbt zu Boden, denn Mitte September, wenn daheim Kirchweih war, da fiel bereits der erste Schnee. Die Natur hat hier eigene Gesetze geschaffen und geformt, denn allzu schnell wird aus Sommer Winter, so dass der Herbst wie vom Winde verweht in die raue Kälte, klarer Winternächte übergeht. Die Tage waren kurz. Kalt strahlten die Sterne, die den Winterhimmel übersäten und ihren winzigen Lichtschimmer in das kalte Land funkelten.

Tag für Tag wurde geschneidert, aber in Gedanken war Josef oft in der fernen Heimat.

In der Siedlung unten am Fluss bekam man Fleisch für Rubel, da kaufte jeder gerne. Der Boden war längst erstarrt. Und auch das Rauschen des großen Flusses wies keine überwindbare Barriere auf, sondern vielmehr blankes Eis, worüber es behaglich schneite. Den Strom im Winter zu befahren tat gut und brachte wohl Zeitersparnis mit sich. Über den Kufen der Schlitten waren breite und stabile Holzstege, darüber zwei einfache Bretter als Sitz, darauf hockte der Russe tief im Pelz gebettet und hielt den Riemen in einer Hand. Vor ihm stoben die Hunde auf und jetzt fuhr er wie der Blitz vorüber. Dann ergriff er den Prügel, es konnte nicht schnell genug gehen, schlug ihn auf die Hunde und verschwand in der Ferne. Nur der Prügel als Überbleibsel blieb auf der Strecke liegen, den holte Josef und nahm ihn als Andenken zu sich.

Das Heimweh kam wieder als sich der Advent 1918 ankündigte. Es würde das fünfte Weihnachten werden, seit er von daheim fort war. Dennoch schien es Josef, als würde es bei dem General die meist beglückende Weihnacht seines ganzen Lebens werden und dies erlebte er ausgerechnet im eiskalten verschneiten Sibirien, – vier Jahre von der Heimat getrennt, obwohl Weihnachten eigentlich das Fest der Familie sein sollte. Sie waren inzwischen sechzehn ganz tolle Kameraden geworden, mit ihnen feierten tschechische Millionäre, die nicht an Geld sparten und schon vor dem zweiten Advent einen Brief schickten, um jedem, seine

Wünsche beantragen zu lassen. Recht unbescheiden schrieben sie auf: Schweinefleisch, Rindfleisch, Gänsebraten und vieles mehr, außerdem nahmen sie Wodka, den man hier statt Wein trank. Josef erinnerte sich ja noch sehr gut an vergangene Weihnachten mit welch schrecklicher Armut und Bescheidenheit man die Kriegsgefangene abgefertigt hatte. Deshalb sorgte er dafür, dass alle Angaben verdoppelt wurden. Kamen an Weihnachten andere Gefangene, dann stand schon etwas am Ofen bereit und brauchte nur heiß gemacht werden. Es kamen viele und wenn er sie betrachtete, wie selig diese ausgehungerten Wolfskameraden dreinschauten, dann strömte eine jubelnde Herzensfreude mit tiefen Frieden in seine Seele, denn Geben bereitet viel mehr Freude als Nehmen.

In Richtung Europa

Die politische Entwicklung war wohl ausschlaggebend für alles Kommende. Die weiße Garde (zaristische Soldaten) stand der roten Garde (stalinistische Soldaten) den Bolschewisten im Gefecht gegenüber. Die Japaner griffen, von den Weißen unterstützt, zusätzlich in die Kämpfe ein und besetzten Sibirien bis zum Baikalsee. Die Weißen hatten sich der sibirischen Eisenbahnlinie bevollmächtigt und versuchten eine Gegenrevolution gegen die Roten im Westen zu bilden.

Auch für die fünf Schneider, fünf Schuster und ein Rasierer bedeutete das zusammen mit den Offizieren Abschied zu nehmen, aus dem kalten winterlich verschneiten Tschita. Kaum zu glauben nach über drei Jahre Gefangenschaft hätten sie eigentlich jubeln müssen vor Freude in Richtung Europa fahren zu dürfen. Das Gegenteil trat ein. Wehmütig schauten sie in der Dunkelheit aus dem Zug auf die wenigen Lichter von Tschita. Wären sie dageblieben, so hätte es jetzt Abendbrot gegeben. Anschließend wären die meisten schlafen gegangen, und so fuhren sie in die stockfinstere eiskalte Nacht der Wildnis durch die tiefverschneiten sibirischen Urwälder. Josef träumte von einem Zugunglück, sah wie Wölfe jaulend heulten und über die Verlorenen herfielen. Aber als am nächsten Morgen die blendende Sonne im Fenster den Traum beendete, kletterte er auf das Dach ihres Waggons, das mit einem Geländer umrandet und nur für Eisenbahner gedacht war. Eine Weile saß er oben, weit vorne die schwarze Rauchwolke, die von der Lokomotive emporstieg, rechts und links die Taigawälder mit hoch-eingeschneiten Bergmassiven. Plötzlich tat sich vor ihm eine riesige Eisfläche auf. Voller Begeisterung stieg er hinunter und schrie:

„Der Baikal, der Baikal....!“

Die Reise ging weiter von einer Stadt zur anderen, mit monatelangen Aufenthalten. Einmal stand der Zug am Abstellgleis, dann fuhr er wieder. Das Essen war knapp und in einem Land ohne zeitlich begrenzte Maßstäbe reihten sich die Tage hintereinander, ganz gleich ob Durst und Hunger gestillt waren. Und das konnte fatale Folgen haben, bis sie an den Stationen ihren Durst mit abgekochtem Wasser stillen konnten und dies in einem Land, wo man meinen könnte Schnee und Wasser in Hülle und Fülle zu kriegen. An den meisten Bahnhöfen befand sich gewöhnlich ein Angestellter. Dieser heizte sehr große Kessel, aus denen jeder gratis so viel heißes Wasser nehmen konnte, wie er wollte. Einmal aber stand der Zug, es gab kein Wasser und sie waren vollkommen ausgetrocknet.

Draußen traf Josef überraschend einen Wiener, der einige Zeit lang auch im Lager von Tschita zubrachte und dann in Richtung Europa verfrachtet wurde. Sie erkundigten sich lechzend nach frischem Wasser und der Wiener nahm allen Durstenden die Hoffnung, erzählte, dass erst in Tomsk die Möglichkeit bestünde, weil hier vom Kampf alles noch durcheinander geraten war. Enttäuscht stieg die ganze Schar der Kriegsverschleppten mit gesenkten Häuptern in den Zug, außer Josef..

Diesmal überwältigte ihn der Durst so, dass er den

Wunsch nach Wasser beinahe für utopisch gehalten hätte, da erfüllte sich der Traum im nahen Umland. Aber zu seinem Entsetzen sah er dem abfahrenden Zug nach. Wie ein gewaltiger Schreck durchfuhr es ihn, er rannte, keuchte wild, während der letzte Waggon schneller an Fahrt gewann. Das Tempo war zuletzt so hoch, dass es kaum eine Chance mehr gegeben hätte, wäre er nicht in letzter Sekunde hochgesprungen um sich festzuklammern. Da hing Josef, hilflos außer Atem, und rang mit Leben und Tod, aber wer sollte sich um ihn kümmern in der Möglichkeit nach dem Abspringen qualvoll zu überleben. Die einzige Rettung schien die Ladefläche noch zu erreichen. er versuchte die letzte Kraft noch auszukosten und stemmte mühsam den Körper empor.

Schneller rasten die klappernden Wagenräder über die Schienen, schwindelerregende Angst überkam ihn und darunter ein grundloser Boden. Doch dann saß er zitternd droben während der Atem flog. Ein kalter Wind peitschte an seinen Leib, nach Schutz suchend stieg er in das einzige Automobil, das auf der Ladefläche stand.

Erst als der Zug sich pfeifend in die Kurve schlängelte, konnte er in einem endlos scheinenden Bogen die volle Länge des Transportes überblicken, welcher neben den Kriegsverschleppten hauptsächlich sibirische Pferde in Waggons gepfercht nach Westen verfrachtete. Es dauerte noch lange bis das Tagesziel erreicht war und sogleich nach Ankunft öffnete die Begleitmannschaft die Türen und trieb die Tierherde hinunter an einen Fluss zum Tränken. Das Ufer war zugeeist und die Tiere trabten sehr schwerlich voran. Das Eis musste gebrochen, die massige Herde herangebracht werden, während ein Tier leichtfüßig auf das blanke Eis die Böschung herunter zu rutschen versuchte, tobte es wild um letzten Halt zu finden, fiel wiehernd zu Boden, schaffte es hernach nicht auf die Füße zu kommen und glitt unaufhaltsam dem Tod entgegen. Das Wasser hatte eine dünne Eisschicht, es krachte, zerbrach und das Tier versank im Wasser und kein Mensch hätte helfen können. Jeder schaute mitleidend zu dem hilflos suchenden Geschöpf, das gegen das Eis trieb und immer noch an der Wasseroberfläche nach Auswegen kämpfte, bis es vollkommen entkräftet auskühlte und langsam versank. Deutsche sagten den Russen, sie sollten das Pferd erschießen. Das aber brachten sie selbst nicht fertig. Fast verschwunden von der Wasseroberfläche rang das Tier um Atem, selbst dann noch als sie weiterfuhren. Wieder vergingen Tage, bis sie über Tomsk die Stadt Omsk erreichten. Hier erinnerte sich Josef an einen verletzten Kriegsgefangenen, den man von Tschita zur Genesung nach Omsk brachte, wo ihm in seiner Hilflosigkeit selbst das letzte Bündel, das er noch bei sich hatte geraubt wurde, wie er ihm einmal geschrieben hatte. Man schickte ihn nicht mehr zurück und durch aufrechten Briefwechsel wusste Josef, dass er hier unter strenger Aufsicht gefangen gehalten wurde. Nachdem man einen längeren Aufenthalt angekündigt hatte, holte sich Josef eine Bewilligung ihn zu besuchen. Die Freude des Wiedersehens war groß, aber Angst und Schrecken durchdrangen Josef zugleich. Das Lager war mit vier Meter hohen Mauern umgeben. Oben stand alle paar Meter ein Soldat mit Gewehr. Entsetzt fragte Josef seinen Kameraden was das zu bedeuten hatte?

„Ja, das ist nicht so wie bei euch. Wir dürfen nicht lesen, nicht rauchen, singen und dürfen keine Karten spielen. Die

Russen hier können weder lesen noch schreiben und wir müssen sie mit Herr Feldwebel ansprechen."

„Sind denn alle hier verrückt", fragte Josef. Gerne ging er wieder zurück. Sie setzten ihre Reise fort. Mit der Bahn näherten sie sich allmählich dem Ural. Das Gebirge lag noch im tiefsten Winter. Die Nadelbäume waren in einer zauberhaften Schneepracht märchenhaft weiß verwandelt. Tiefer krochen die Schienen unter den Schnee. Nur mühsam keuchte der Zug höher. Plötzlich kamen sie nicht mehr weiter. Es ging nichts mehr. Über einen Tag steckten sie im Schnee, bis man sie freigeschaufelt hatte. Zum Glück waren sie mit Essensvorräten eingedeckt. Über dem Ural begann Europa. In Ekardgrimmburg standen sie wieder längere Zeit. Die Rote Armee wurde hier besiegt, was sie zur Weiterreise veranlasste. Die Begleitmannschaft auf Seiten der Weißen Armee sah sich gezwungen in Perm am Ural zu bleiben. Die Freude der Kriegsgefangenen wurde zunichte, weil das für sie die Endstation bedeutete.

In Perm kamen alle für drei Monate in ein Lager mit lauter Kriegsgefangenen. Hier sollten sie als russische Soldaten dienen. Dazu führten sie eine kleine Ausbildung durch, mit dem Ziel in russischer Uniform für die weiße Garde zu kämpfen. Nie wäre Josef freiwillig in eine russische Uniform geschlüpft. Keiner von seinen Kameraden war bereit die Uniform anzuziehen. Kaum hätte er geglaubt, dass auch sie so fest entschlossen waren wie er. Das zeigte sich in einer Episode als der Rasierer die Tür des Lagers öffnete und feststellte, dass der schlesische Pferdewärter mit einem Pferd draußen stand und zu Besuch hinein wollte. Derb fuhr ihn der Rasierer an, nachdem der Besucher vergebens versuchte, in seiner russischen Uniform, einzutreten.

„Pfui, Pfui, du trägst russische Uniform, schämst du dich nicht? ich lass dich nicht rein," und er ließ ihn nicht los. Da lachte der Eindringling zunächst und meinte, das war alles nur ein Scherz, aber er ließ ihn nicht los, er musste umdrehen und gehen.

Es war auch ein Südungar dabei, der Merkel, der perfekt russisch lesen und schreiben konnte. Als Einziger wäre er am liebsten geblieben. Hier hatte er seine große Liebe zu einer Russin gefunden.

Nach drei Monaten entschied die Begleitmannschaft mit allen Kriegsgefangenen Richtung Westen weiterzufahren.

Über die Vormacht der weißen Garde erfreuten sie sich ins nördliche Russland westwärts ins Europäische zu gelangen. Die Heimat nahte, was konnte ihnen mehr Willkommen sein. Die Fahrt stockte mehrere Tage, in den Städten Wereschtschagino und Wologda. Nach über eineinhalb tausend Kilometer Fahrt standen sie kurz vor St. Petersburg. Da erreichte alle die furchtbare Nachricht vom plötzlichen Siegeszug der Rotgardisten. Das hatte für die Kriegsgefangenen schicksalhafte Folgen. Sie mussten zurückfahren, endlos nach Osten bis vor dem Ural wieder Perm erreicht war. Dort kamen sie erneut ins Gefangenschaftslager von russischen Wächtern begleitet. Vorübergehend sollte die Unterbringung hier stattfinden bis wohl möglich eines Tages erneut ein Transport Kriegsgefangener zusammengestellt und nach Sibirien verfrachtet würde.

„Ich soll noch mal nach Sibirien!" Der Gedanke ließ Josef keine Ruhe und bestätigte sich, weil die Rote Armee zunehmend nach Osten vordrang. Vor dem Zurück nach

Sibirien graute es jedem, denn ob sie dann jemals heimkämen, daran hatten wohl alle ihre Zweifel. Fast alle Gefangene hier waren Österreicher und jeder wollte heim. Der Sommer stand einladend vor der Tür. Die Chancen durchzukommen schienen die letzten.

Ungewöhnlich schwer pulsierte das Heimweh nach über viereinhalb Jahren Trennung in Josef. Sein Entschluss für das Auf und davon war längst gefasst. Ungefähr fünfhundert Kriegsgefangene wollten in die Heimat zurück. Es war beschlossen worden alle gleichzeitig abzuhauen, denn nur so konnten die meisten durchkommen. Sie hofften auf die nächstbeste Gelegenheit.

Die Flucht aus Russland

Es geschah an einem Sonntag Ende Juni 1919 im Lager. Vor der Tür weilte ein russischer Wachposten. Sie saßen drinnen beim knisternden Feuer und tranken gemütlich Tee. Einer öffnete die Tür um ihren Gefangenenwachtmeister, dem man schon seine Dummheit von weitem ansah, zu einem Glas Tee einzuladen.

Der konnte dem verlockenden Angebot nicht widerstehen, setzte sich zu ihnen hinein und schlürfte trotz seines dienstlichen Verbotes, wie alle Russen, gerne Tee. Das ist unsere Chance dachte Josef, stand sogleich auf und erklärte: „Das ist nichts, Ich werde Eier kochen!“ Sogleich ging er hinaus, stellte einen Kübel auf den Herd bereit, obwohl eigentlich nicht mal Wasser drin war. Ein Schneider kam in die Küche sprang, durchs Fenster hinaus und verschwand in Windeseile. Josef schaute sich vorsichtig am Fenster um und stahl sich auf gleiche Weise, so wie er war, davon.

Eine neue Zeit tat sich auf. Er hatte weder Mantel noch Essensvorrat mitgenommen. Draußen setzten sich immer mehr auf gleiche Weise ab und verschwanden allmählich hinter den Büschen. Das weitere war Wagnis, etwas musste wohl geschehen. Josef glich mit seinem Vollbart einem echten Russen. Da ihnen noch niemand nachgespürt hatte, erklärte er den anderen Kameraden zugewandt:

„Geht, ich bin der Russe und führe euch!“

Sie schlichen durch die Gassen der Stadt bis zum Merkel seiner Freundin, dort waren sie zwei Tage am Dachboden versteckt. Dann war ein Fest. Es brach eine Schießerei aus. Mehr konnte man nicht vernehmen. Und auf einmal kam der Merkel und rief:

„Hurra, Hurra, gewonnen ist," dann verließen sie ihr Versteck und gingen hinaus.

Zum Teufel, die Tischdecke war rot, die Pferde rot, überall rot, ein grausames Zeichen an Kommunismus. So fragte Josef einen Soldaten, ob hier irgendwo ein Kommando sei, weil alles noch durcheinander geraten war. Verständnisvoll wies dieser ihm den Weg.

Allmählich formierte sich eine ganze Menge Menschen. Jeder schnappte sich dann einen Zettel und beantragte schriftlich die Eisenbahnfahrt. Die frohe Botschaft lautete schließlich: Durchfahrt, bis in die nächste Gouvernement-Hauptstadt. Sie bekamen einen Stempel auf das Papier und durften fahren. Ausgehungert stiegen alle dort aus und mussten wieder eine Bewilligung zur Weiterreise beim Kommandeur einholen und wieder rauschten sie im Zug bis Moskau. Dort wollte man sie in die Rote Armee stecken, aber daran hatte niemand Gefallen, deshalb verschanzten sich viele zwei Tage im dunklen Frachtwagen. Die Russen dachten wohl, dass sie die Abkömmlinge schon irgendwo kriegen werden. Der Hunger schwächte alle Glieder. Als die Dampflok endlich weiterfuhr, dauerte es noch lange, bis sie schließlich über Orjal, in eine ukrainische Stadt, gelangten. Hier wollten sie die Eisenbahner nicht mehr weiterfahren lassen, da sie wussten, wenn sie bis Kiew fahren würden, stecken sie die Russen ganz gewiss in die Rote Armee und sie waren eben gegen diese Armee. Doch in ihrem unüberlegten Eifer drangen Josef und seine Kameraden darauf unbedingt weiterzufahren, um ihrer Heimat näher zu kommen. Sie hatten aber keine Wahl, deshalb wollten sie sich in der Nacht neben den Schienen niederlegen, einer sollte aufpassen, wenn ein Zug käme, damit sie noch rechtzeitig aufspringen könnten. Kaum hatten sie sich niedergesetzt rauschte auch schon ein schwerer Güterzug vorbei. Blitzschnell sprangen sie auf und kletterten auf die Waggondächer. Schwarze Rauchschwaden zogen auf und als sie sich am frühen Morgen so richtig von Angesicht zu Angesicht betrachteten, waren sie kohlschwarz.

Das Aufsitzen ohne dabei an den Stationen ertappt zu werden, hatten sie bald raus. Schwarz von Öl verschmiert saß Josef auf dem Waggonpuffer, darunter klapperten endlos die Räder über die Schwellen. Beim Bremsen klafften die Puffer zusammen und das bedeutete, ein Maß an höchster Aufmerksamkeit. Meistens aber saß er auf der Lokomotive, verrußt im ganzen Gesicht und dazu noch verlaust, schaute rechts und links über die unendliche Weite Russlands bis zum Horizont.

Die Erde war jetzt so rabenschwarz wie sie nur hier in der Ukraine zu sehen ist. Welch riesige Getreideanbauflächen, welch üppiger Weizen, wahrhaftig ein gesegnetes Land von gewaltigen Erträgen und unglaublicher Fruchtbarkeit.

Dann fuhren sie bis Kiew und nachdem sie sich gewaschen hatten, begegnete ihnen ein Mann mit einem Gewehr und er fragte, was sie suchen. Ein Kamerad entgegnete, sie hätten das Bedürfnis nach einer Vesper Station.

„Wenn Ihr wollt, so geht mit mir.“ Zu acht beschlossen sie ihm zu folgen. Zur Sicherheit schloss sich Josef als letzter seiner Gruppe an. Plötzlich rief der Bewaffnete etwas militärisches auf russisch, Josef drehte sich um und sah einen zweiten Soldaten. Das Herz pochte unaufhaltsam bis zum Hals hinauf, ihm war jetzt klar geworden, was das zu bedeuten hatte: „Kameraden, sie haben uns schon. Jetzt stecken sie uns in die Rote Armee.“ Man führte sie in einen Häuserblock. Hier befand sich ein kleiner Hügel, auf dem stand ein Soldat, den Josef persönlich kannte, es war ein Tiroler. Ausgerechnet er manifestierte laut:

„Allgemeine Mobilisierung!“

„Hans, was willst du,“ fragte Josef.

„Allgemeine Mobilisierung“, rief er ihm zugewandt.

„Das könnt ihr mit den kommunistischen Ungarn machen, so sage mir was das soll, sonst gehe ich.“ Abrupt drehte sich Josef um und entdeckte zu seinem Schrecken, dass sie schon durch das Tor gegangen waren, das ein Posten überwachte.

Sie waren also wieder gefangen mit ungefähr drei bis viertausend anderen in diesem Block. Nach zwei bis drei Tagen erhielt jeder eine Nummer und am Montag kam dann ein Kommissar, der die Eingefangenen zur kommunistischen Ideologie einwies, für die sie auf Leben und Tod kämpfen sollten. Josef war nie bei der Roten Armee und sollte zukünftig dafür kämpfen? Zum Teufel damit, dachte er, denen wollte er auf keinem Fall zum Opfer fallen. Die Tage verstrichen. Es war heiß und schon Sonntag. Josef ruhte sich nach dem Essen auf dem Bett aus und überlegte wie er am besten ausbrechen könnte. Er schlich unbemerkt zwei Stockwerke tiefer, so dass ihn keiner beobachten konnte. Er sah das Tor, das von einem Posten bewacht wurde. Die hohen Mauern ringsum versperrten ihm den Weg, wie im Gefängnis. Aufmerksam visierte er die Mauern ab, schlich hinan, überwachte den Posten der dort, hin und her stolzierte. In dem Moment als er sich wieder in die entgegengesetzte Richtung wendete, flüchtete Josef durch das Tor. Als er sich dann umdrehte, konnte er den Posten hinter der Mauer nicht mehr sehen. Welch ein Glück, er war frei.

Bei Tag so wusste Josef, durfte jeder ungehindert laufen, nur in der Nacht wurde ständig geschossen. Niemals werde ich freiwillig zurückgehen, dachte er, kam dann endlich aus der Stadt und sah am Feld zwei Posten, einer war mit Gewehr gelegen, der andere stand. Zweihundert Schritte wieder einer. Er war schon am Ende, es gab kein Entrinnen mehr. Ein innerer Kampf der Unentschlossenheit, er griff wohl an seinen Bart, – im gleichen Augenblick begriff er, dass es nicht auffiel in das gereifte Getreide zu laufen, die Frucht anzuschauen, wie der Bauer selbst. Unter ständiger Aufsicht entfloh er und erreichte vor Einbruch der Dunkelheit auf Pfaden das, acht Kilometer entfernte, Dorf. Er bat die Menschen um Gnade und Erbarmen zur Aufnahme, aber jeder wimmelte ihn skrupulös ab, weil andauernd, so hieß es, neue Patrouillen Hausdurchsuchungen unternahmen. Er überlegte was nun werde, es dämmerte schon und begann sehr gefährlich zu werden. Er lief weiter, dort wo der Wald begann, fand sich eine uralte, halb zerfallene Holzhütte. Das Dach war fast vollständig heruntergekommen, überall lagen von Wind und Wetter verwitterte Schindeln am Boden. Er sammelte sie, vergrub sich unter den dunklen Holzteilchen und schlief ein. Die Nacht brachte Kälte, in der Frühe wachte er frierend auf. Hungernd und ausgekühlt drängte es ihn weiter zu flüchten. Er wusste noch die einzuschlagende westliche Richtung, in der eine größere Ortschaft liegen würde. Der Weg führte zunächst durch Wald, später durch ausgedehnte Felder. Nach einer Weile begegneten ihm zwei Frauen, die er fragte, wie lange man noch gehen müsse.

„Oh je, das ist noch weit!"

Es roch nach Essbarem. Eine der beiden Frauen hielt einen Korb in den Händen, darin waren mehrere gebackene Pfannkuchen. Der Hunger quälte ihn zermürbend. Josef fragte nicht, sondern nahm einfach. Über seine unverschämte Gier selbst überrascht, zog er dann alleine weiter bis zur nächsten Ortschaft. Dort tummelten sich die Menschen, die meisten trugen eine militärische Kleidung mit dem roten Stern, d.h. kommunistisch und zugleich gefährlich für ihn. Er zog weiter und geriet auf einen Markt, wo er gleich eine militärische Küche mit Uniformierten entdeckte. Flüchtend vor roten Soldaten huschte er in eine kleine Seitengasse und rastete auf blankem Stein. Er wartete bis zwei Frauen vorbeikamen, denen er glaubte sich anvertrauen zu können, erzählte ihnen seine Flucht und fragte sie nach dem Weg. Sie ließen sich voller Bestürzung erst mal aus:

„Mein Gott, mein Gott, jetzt wart Ihr so lange in Sibirien und jetzt wollen sie Euch noch nicht Heim lassen!" Gott sei Dank gab es auch noch ehrliche Menschen auf dieser Welt, denn sie erbarmten sich seiner mit der Aufforderung ihnen unauffällig im Abstand zu folgen. Sie kamen an Schrebergärten vorbei die mit Mauern den Zugang versperrten. Eine eignete sich von ihrer Höhe zum Eindringen besonders. An der stoppten die Frauen und blickten ängstlich umher, bevor sie darüber stiegen. Eine Frau erklärte Josef eindringlich, dass er jetzt den Steig zur Anhöhe durch die Wiese nicht verlassen dürfe bis die Stufen aufhören, erst dann könne er wieder die Straße benutzen, vorher nicht, weil ihn sonst gewiss ein Posten abfängt. Dankend entwischte er auf diese Weise den bewaffneten Soldaten und erreichte noch das nächste Dorf. Ein Bauer gewährleistete ihm Unterschlupf in seinem Stall. In der Tat verlangte der Haderlump hierfür gnadenlose Rubel von dem Wenigen das ihm noch geblieben war. Am nächsten Morgen brach Josef auf. Ausgehungert lief er in den Tag hinein. Er stapfte in die Einsamkeit mit der Angst ums Überleben. Er hatte weder Proviant noch einen Mantel für den Fall eines Kälteeinbruchs. Seine Gedanken kreisten um Fragen nach Essen, Schlafen und Entkommen. Dem Durst nach Wasser an heißen Tagen immer nachzukommen war nur durch Bäche, Seen oder Quellen möglich, die aber waren sehr selten. Meistens lag er am Ufer eines Baches und trank, soviel er trinken konnte, niemand konnte ihm ja sagen, wann die nächste Gelegenheit kam. Wenn er erschöpft rastete, nahm er die Hände vor den Kopf und fragte sich, was wird morgen sein.

Aber da stieg aus allen Ängsten der Not doch noch die Hoffnung, die ihn trug. Was hatte er in diesen Monaten gebetet. Es war das feste Vertrauen zu Gott. Er begleitete Josef durch sein Leben. All seine Ängste konnte er in seine Hände legen und das war die Quelle der Kraft in all dieser Hoffnungslosigkeit. Und diese zuverlässige Kraft der Liebe begleitete Josef das Leben hindurch und war letztlich immer die Stärkere.

Aber wenn ihm auch alle mächtigen Ströme als unüberwindbare Barrieren Russlands, durch die Eisenbahn erspart geblieben sind, tauchte nun ein Fluss auf, an dessen Ufer er lange verzweifelt stromaufwärts stapfte ohne, dass die Hoffnung auf eine erleichternde Überquerung ersichtlich wurde. Es waren Schilf und Bäume, die das Ufer säumten. Furcht vor der gewaltigen Breite, dazu hatte ein schlechter Schwimmer wie er allen Grund. Er hatte eine günstige Stelle herausgefunden, zog die Schuhe aus, band sie um den Körper und wäre durchgeschwommen, hätte er nicht zuletzt eine Hütte gesehen. Er lief näher und entdeckte daneben eine große Wassermühle. Lange dauerte es nicht, bis sein Blick die erste Brücke, – zu seinem Wohlbefinden, freigab. Die Utopie ließ sein Herz höher schlagen, aber das war wohl nur von kurzer Dauer. Entsetzlich, – diese einzige Brücke hielt ein russischer Soldat besetzt. Was nun?

Die Füße trugen ihn Flussaufwärts. In Gedanken erinnerte er sich an einen Russen beim Hatschen, dessen Ursprung sibirische Kälte und Rheuma waren und dies führte, nicht allzu selten, zum Hatschen beim Gehen. Ein Russe trug einen ebenso langen Bart wie er, hatschte und das war nicht schwer. So stahl sich Josef auf diese Weise und mit dieser Gangart über die Brücke am bewaffneten Soldaten vorbei.

Auch an jenem Tag bettelte er bei Hiesigen um ein Stück Brot und erfragte den besten nach Westen führenden Weg. Man riet ihm über die Golona zu gehen, die Übersetzung wusste er natürlich nicht, befolgte aber den Rat und bog nach einigen Kilometern in die Straße nach links. Dort befand sich zum ersten mal eine außergewöhnlich ordentlich gepflasterte Straße, wie sie ihm aus Österreich bekannt war. Dann wieder links, hier befanden sich ungefähr dreizehn Häuser auf beiden Seiten. Beim Ersten wollte er ausruhen,– sein Magen fühlte sich wie meist betrogen. Aber ein gewaltiger Hund riss wütend an der Kette, und nachdem er tief in seine Augen schaute, hatte dieser Köter sicher nur noch den Wunsch, ihn völlig zu zerreißen. Deshalb entfernte er sich so weit bis es ihm behagte zu rasten. Irgendwann wagte es schließlich doch eine Menschenseele den armseligen Bettler, zu dem er geworden war, an der Straße anzusehen, auch wenn das weibliche Wesen bei dieser Begegnung vor Angst zitterte. Sogleich bemerkte Josef, dass es keine echte Russin war. Daraufhin bat er sie ein bisschen dazubleiben und beruhigte sie:

„Fürchten Sie sich nicht, ich tue Ihnen ja nichts." Dann fragte die junge Frau nach seinem Anliegen.

„Ich wollte nur Brot und den weiteren Wegverlauf erkunden." So erklärte sie ihm eine Stelle an der ein Bauer Hafer mähte. Zu dem könnte er gehen. Dort angekommen empfing man ihn zu seiner Überraschung in Deutsch. „Setzen Sie sich nieder, erzählen Sie was!" Er sprach preußischen Dialekt.

„Na ja, es ist Revolution und es heißt Kiew ist von Banden umstellt!"

„Banden nennen Sie das," fuhr ihn seine wohl besonnene, dabeistehende Tochter an.

„Das sind doch lauter Bauernsöhne!"

„Ich sage es halt wie ich es gehört habe, jedoch sieht man keinen Menschen."

Sie erklärte, das ist so: „Jetzt ist Erntezeit und jeder Bauer hat das Gewehr bei sich. Wenn ein Soldat von der Roten Armee kommt, so erschießt er diesen und wirft das Gewehr in das Getreide."

Der Bauer brach die Unterhaltung ab und erzählte, dass sich in der Kolonie zwei Tiroler und ein Steirer aufhielten, die schon seit vierzehn Tagen hier wohnten. Und Josef sollte hingehen und fragen wie lange sie noch dableiben würden, solange könnte er auch bei ihm noch Unterbringung finden. Das ließ sich Josef nicht zweimal sagen, sauste hinunter und fand die Drei.

„Wie die aussahen...!“ Für die Augen eines Schneiders eine wahre Katastrophe. Um die Beine und Brust hingen zwar noch die alten grauen österreichischen Uniformen, die mit zahlreichen bunten Flicken notdürftig die Nähte zusammenhielten, hier und da sprangen jedoch die Nähte auf, sodass unter allem Schmutz die blanke Haut sichtbar wurde. Der eine besaß nicht mal Schuhe und war auf die alten Galoschen des Bauers angewiesen. Ihre Wangen hingen gestrafft, kein Wunder, nach neun Monaten ständiger Flucht, Hunger und Angst waren sämtliche, freundliche Gesichtszüge entschwunden. Sie kamen aus Turkistan und hatten vor noch eine Woche zu bleiben. Nachdem sich Josef die Burschen also angesehen hatte, kehrte er wieder zu seinem Bauer zurück, der ihm dann nachmittags eine Sichel zeigte und gleichzeitig wissen wollte, ob er damit umgehen könne. Josef bejahte es und ging mit dem Dienstmädel Weizen schneiden. Am Abend erkundigte sich der Bauer genau nach seinem Geschick.

„Der kann es ja besser als ich,“ fiel ihm sein Dienstmädchen ins Wort.

Am nächsten Morgen erfuhren sie, dass er Schneider sei und weil sie eine Nähmaschine besaßen begann Josef zu schneidern. Eineinhalb Tage tat er das und auf einmal hörte man draußen Pferdehufe: Trab, Trab, Trab.... . Sofort fiel sein Blick aus dem Fenster, von wo ihm das Rot der Soldaten in die Augen stach, denn das Pferd war mit rotem

Tuch überzogen und der Schwanz mit roter Schleife. Überall wo sie auftraten, sah man mit Schrecken das Rot, sogar Turmspitzen glänzten rot und auf Plakaten wurden Kaiser und Könige geköpft, jeder hatte dreingeschlagen, dass die Köpfe rollten und das Blut triefend, rann. Dazu stellten sie Kinder und Frauen jubelnd für die Freiheit dar und schämten sich nicht solche grausigen Plakate aufzustellen. Es war ekelhaft.

Josef hörte nun, wie die drei Reiter anhielten. Die Bäuerin streckte plötzlich den Kopf in die Stube und rief aufgeregt:

„Hat man Sie gesehen?“

„Nein!“

„Gehen Sie in die hintere Stube!“ Josef rannte schnell und dachte:

Da schlage ich mich durch das ganze Russland und jetzt, wo ich nicht mehr so weit von zu Hause bin, werden sie mich fassen. –

Josef trug ein Messer zur Verteidigung griffbereit bei sich und hätte es wohl bei Bedrohung hervorgeholt. Auf einmal riss jemand die Tür auf. Erschrocken, sah er zu seiner Erleichterung den Bauer.

„Machen Sie, dass Sie fortkommen!“ Josef sprang sogleich zum Fenster raus, schaute kurz um die Hausecke und sah noch drei weitere Rosse. Insgesamt befanden sich also sechs Soldaten im Haus. Vorsichtig schlich er aus dem Dorf und ging in den Wald. Er suchte noch in der Dämmerung einen trocken geschützten Platz, an dem ihn niemand fand und nachdem die Dunkelheit die Oberhand hatte, krachten immer wieder einzelne Schüsse. Dann schlief er tief und fest.

Am nächsten Morgen begegneten ihm zum Glück die Tiroler, Stefan und Christian. Sie erzählten noch von gestern, von den Reitern die weiter wollten und plötzlich von einem Schussfeuer überrascht wurden. Anschließend wären Drei wieder verletzt zurückgekehrt, die anderen Drei hätten die Bauern erschossen. Es war also Revolution im höchsten Grad ausgebrochen und das hieß, man wusste nicht was sich in der nächsten Zeit abspielen würde.

„Wir müssen weiter," erklärte Josef. Beschlossen, wanderten sie durch den Wald bis das nächste Dorf vor ihnen lag. Da waren Sträucher und plötzlich sprang ganz unerwartet ein junger Bursche mit einem blitzenden Bajonett hervor und erschreckte sie. Hätte Josef dem Burschen nur eine Watschen gegeben, dann wäre er wahrscheinlich davon gerannt, dieser führte sie nämlich in ein Gebäude, in dem die besseren Bauern saßen. Diese erzählten von ihrem großartigen tapferen Widerstand gegen die Kommunisten . Interessiert erkundigten sich die Bauern nach ihrer Vergangenheit.

Josef erklärte: „Wir sind durch ganz Russland nach Kiew und von dort davon gerannt." Alle drei verabschiedeten sich genauso schnell wie sie gekommen waren, da stellten sich die Bauern in die Quere.

„Wir gehen auf eigene Faust," sagte einer von den Tirolern.

„Ich habe mit jemand geredet, der mir bestätigte, in Kiew wird jeder in die Rote Armee hineingesteckt und er war krank, nur deshalb entließen sie ihn", sagte ein Bauer.

„Das ist nicht wahr", fiel ihm der Stefan ins Wort.

Josef überlegte noch fiebernd was er sagen sollte, da stieg jemand auf und erklärte fast feierlich:

„Dass es arme Gefangene sind, sieht man, dass sie zufällig in unsere Hand geraten sind, – sollen sie in Gottes Namen heimgehen.“ Sie schrieben sogar noch auf, wie sie am besten weiter kämen.

Der Soldat am Ortsausgang verlangte Dokumente, gab sich aber mit den vorgelegten Zetteln der Bauern zufrieden. So schlugen sie sich allmählich von Dorf zu Dorf durch. Ständig ausgehungert, von Läusen zerbissen und von den Kommunisten verfolgt durch die endlose unfassbare Weite Russlands.

Nicht immer hatten sie das bescheidene Glück einen nach Heu duftenden Stall und ein Dach über dem Kopf bei guten Menschen zu finden. Die Dörfer waren zumeist klein und die Entfernungen weit. Mit dem Wetter hatten sie viel Glück, es regnete nicht und der staubige Boden unter den Füßen war der beste Beweis für die lange Trockenzeit. Flöhe bissen und zehrten. Aber kamen sie an einem Kartoffelacker vorüber, schätzten sie sich glücklich, sie sammelten die Erdäpfel und hatten ein gesichertes Abendessen. Dann zogen sie in den Wald, fernab, schichteten das mitgebrachtes Kartoffelkraut zwischen den zusammengetragenen Ästen und machten Feuer. Es flammte lodernd auf, knisterte und rauchte hernach. Schließlich scharrten sie die Erdäpfel darin, dass die Asche über der stillen Glut des Lagerfeuers auseinander stob. Die frischen Kartoffeln schmeckten ausgezeichnet. Am Abend sammelten sie erneut Holz, legten es auf den glühenden Haufen, dass es brannte.

In der Nacht kühlte es ab und sie schliefen dicht neben dem Feuer, denn die Gefahr der Wölfe war auch hier noch nicht gebannt. Am Morgen wanderten sie weiter, sammelten Kamillenblüten und kochten sich bei einem fließenden Gewässer Tee. Die Kameraden hatten eine Blechkanne, die über der Feuerstelle das Teewasser zum Dampfen brachte. Der eigene Flüssigkeitsverlust an solchen Tagen war unermesslich. An diesem Abend schliefen sie bei einem barmherzigen Bauer. Als er nach ihnen schaute, brachten sie ihm die Kamille und baten ihn, er möge heißes Wasser für Tee abkochen. Aber er mache besser Kaffee, erklärte dieser. Oh, wie lange hatten sie keinen Kaffee gesehen, gerochen und getrunken? Kaffee wäre wunderbar und als der Bauer den dampfenden Trunk zur Tür hereinbrachte, schlürften sie ihn bedächtig. Es schmeckte allerdings kaum und enttäuscht stellten sie fest, dass die Brühe vielmehr einem schmutzigen Wasser glich, damit es ihnen auch bestimmt nicht einmal zu gut ging. Schon in der Frühe des darauffolgenden Morgens brachen sie auf, denn der Schweiß perlte schon zeitig. Die Wärme der Sonne erhitzte die Flüchtenden und ein weiter Fußmarsch stand bevor. Erst jetzt kam die Unreinheit zu vollem Bewusstsein. Penetrant stanken sie wie die Pest. Der Weg stieg seicht an. Ganz windstill war es wohl nicht, denn der steppenartige Graswuchs rauschte leise. Was an Essen für sie abfiel, mochten die Leute zur gegebenen Zeit selbst entscheiden, aber diesmal wurde die Wahrscheinlichkeit eines Fastentages größer. Sie kamen an einem großen Teich vorbei und dieser schien recht gelegen. Gemeinsam beschlossen sie eine Rast einzulegen, denn die Fußsohlen waren heiß gelaufen und das gab Grund zum Kühlen. Obgleich das Wasser trüb wirkte, dauerte es nicht lange, bis sie am Ufer sitzend die Füße entblößt im kühlen Wasser badeten. Welch eine Wohltat nur! Welche Lebewesen es darin gebe, beschäftigte sie in dieser aufmunternden Frische nicht. Wozu auch?

Wasser belebte aus dem müden Trott und das tat gut.

Das zuvor noch so einfältig wortkarge Gerede wandelte sich in eine aufheiternde Belustigung. Inmitten diesem Spaß nahm Josef die Füße hinaus. Dann verlor sich das Lachen aus seinem Munde, der sich vor Erregung nicht mehr zu schließen schien. Zu Dritt starrten sie erschrocken in eine Richtung, – nämlich auf seine Füße, an denen schwarze fingerdicke Würmer klebten und saugten. Kalt lief es ihm den Buckel hinunter. Das zuvor unachtsam gelassene Ansetzen begriff er zugleich. Als seine Kameraden Stefan und Christian, wie wenn beide gegen das gleiche Schicksal anzukämpfen versuchten, auch ihre Füße ungeheuerlich schnell zu sich nahmen, stellten sie fest, dass auch ihre Zehen von diesen Blutsaugern besetzt waren. Josef erkannte, dass es nichts anderes wie Blutegel waren, von denen es in dieser Brühe geradezu wimmelte. Das Abschütteln war wegen dem kräftigen Saugnapf nicht gerade einfach und deshalb kämpfte jeder mit seinen Würmern, solange fuchtelnd herum, bis diese glitschigen Schmarotzer endlich mühevoll abgeschabt waren. Zurück blieben blutige Wunden die das laufen noch mehr erschwerten.

Ein anderes Abenteuer hatten sie einmal auf freiem Feld, mitten in der Erntezeit. Leute hatten die Drei ertappt und fragten später sehr unhöflich, was sie hier verloren hätten. Einer von ihnen bückte sich, zerrte rasch ein Gewehr aus dem Korn und befahl mitzugehen. Ihnen blieb keine Wahl. Erschüttert folgten sie ihm. Er lief schnell, sie dagegen langsam. Auf einmal hatte er, weiß Gott wo, einen Polizisten aufgetrieben und kam zurück. Josef schnellte entgegen, klopfte dem Beamten auffordernd auf die Schulter damit er ihnen ein Nachtlager und etwas Essen verschaffe. Tatsächlich landeten sie noch am gleichen Abend bei einem Bauer, der ihnen Honigbrot richtete. Wie lange hatte er sich schon nach solch einer Schlemmerei gesehnt? Dann zeigte er ihnen seinen Stall, dort durften sie im warmen Heu schlafen. Zuvor schaute Josef nach, ob die Türen wirklich unverschlossen blieben, weil Stefan sonst das Dach ausgehoben hätte. Das war aber nicht der Fall, somit konnten sie beruhigend einschlafen.

Am nächsten Morgen standen sie natürlich ganz früh auf, um noch vor dem Erwachen des Bauern die Flucht zu ergreifen. Sie gingen ein paar Schritte, kam ihnen auch schon eine Jüdin entgegen. „Wo geht Ihr hin?“ Notgedrungen logen sie und bekräftigten, dass jeder in der letzten Ortschaft etwas vergessen hätte. Dann bog der Weg in den Wald hinein.

Zur Mittagszeit erreichten sie eine weitere Ortschaft, in der sie beschlossen hatten, ein besseres Haus aufzusuchen und als der Pfarrer persönlich öffnete, bat er um Frieden.

„Wir machen Ihnen ja nichts, Herr Pfarrer.“ Er sprach sogar böhmisch und konnte ihnen ein Nachtlager im Heu verschaffen. Dann brachte er Essen, führte Josef in seinen Garten und erntete Möhren und Gurken, die er ihm mit zwei Laibe Brot und der eindringlichen Bitte, dass sie jetzt nicht heimgehen dürften, übergab.

„Es ist sehr gefährlich, lange Zeit wohnte ein Kriegsgefangener aus Südungarn bei ihm, der sich erst vor wenigen Tagen auf den Heimweg begab und ein Stückchen weiter erwischt und erschossen wurde. Die Leute hatten diesen armen Menschen sehr gerne, deshalb brachten sie ihn für das Begräbnis zurück."

Sehnlichst erwiderte Josef: „Wir wollen heim und wollen heim." Mit Widerwillen schlug er doch die Landkarte auf und zeigte ihm in vierzig Kilometer Entfernung eine größere Ortschaft, betonte allerdings auf keinen Fall in den Ort hinein zu laufen, weil dort entweder Polizei oder Militär stationiert wäre. So brachen sie, trotz fernen Kanonenschüssen am nächsten Morgen auf. Es ging durch Wald, Wiesen und Felder, vierzig Kilometer, dann stiegen sie auf einen Berg. Droben stand ein altes Bauernhaus. Die Menschen waren sehr gastfreundlich und bewirteten sie mit Kartoffeln. Der Blick aus dem Fenster galt dem umkämpften Konstantinovska, der Ort, dem sie ausweichen sollten. Ein Gefecht wütete um die Stadt. Häuser standen in Flammen es wurde geschossen. Auf einmal fuhren draußen drei Wägen vor. Ein Mann sprang hinunter. Er trug altösterreichische Uniform. Josef rannte ihm entgegen.... .

„Herr Landsmann!" Zwei russische Soldaten nahmen ihn gleich in ihre Mitte und führten den Kriegsgefangenen ab. Die Schießerei im Dorf hatte unterdessen aufgehört, so drängte Josef den Stefan und Christian, in den Ort hinunter zu wandern. Dort angekommen sahen sie die jammernden und weinenden Menschen.

„Die Ukrainer haben wieder verspielt," scheinbar träumten sie alle von einer unabhängigen Ukraine. Es dauerte lange bis endlich ruhigere Menschen anzutreffen waren, die ihnen den Weg zu einer Mühle erklärten, wo man sich gewiss schon sicher fühlen könne. Voller Hoffnung erreichten sie die Mühle. Der Müller saß gerade draußen und zeigte deutend in die Runde:

„Dort hat's gebrannt, drüben brannte es, dort..... ." sie fragten ihn, ob sie bei ihm schlafen könnten, sogleich kam eine kaltblütige Ablehnung. Er erzählte, dass jeden Moment eine Patrouille entweder von der Roten oder Weißen Armee auftauchen könnte um zu kontrollieren.

Sie mussten weiter, soweit die Füße noch trugen, dreißig weitere Kilometer. Der Tag neigte sich, die Nacht brach ein. Unheimlich lange dauerte es noch, bis sie zu einem entfernten Gehöfte kamen und der Bauer barmherzig, zur Aufnahme einwilligte. Sie wollten sich gerade im Heu niederlassen, da flog die Stadeltür auf, der Bauer verlangte Dokumente.

„Warum," fragten sie ihn.

„Jeden Augenblick kommt eine Patrouille die fragt, ob man sich ausweisen kann." Natürlich hatte zu seiner Enttäuschung niemand Papiere. Die drei freuten sich deshalb mächtig, dass er sie nicht hinauswarf. Glückselig schliefen sie ein, nach nahezu siebzig Kilometern an jenem Tag.

In der Frühe setzten sie ihren Fußmarsch fort. Auf der Straße überblickte man deutlich, wie die Ukrainer den Rückzug vollzogen. Diese trugen österreichische Uniformen. Seine Kameraden der Christian und der Stefan hatten immer noch die gleiche zerrissene österreichische Uniform an, so glaubten sie Verbundenheit zu spüren, da vor dem großen Zusammenbruch die Österreicher weit in die Ukraine bis hinter Kiew vorgedrungen waren. Doch als ein paar kriegsgeschädigte Soldaten vorüber kamen sagte einer von diesen:

„Ihr gehört durchgehauen wie wir." Da sein Kriegskamerad aber Sinn für Gerechtigkeit besaß, schärfte er ihm sofort ein, den Stefan und Christian in Ruhe zu lassen.

So entwischten Josef, Christian und Stefan, flüchteten um viele Dörfer und mieden die bewachten öffentlichen Hauptstraßen. Drum konnte Josef auch kaum jemals etwas von seinem Ersparten, das er in der Gefangenschaft angesammelt hatte, zum Kauf verwenden.

Einmal, weiß er noch, waren sie in einem kleinen Wohnviertel, da standen vor ihnen drei bis vier Leute, – er glaubte Juden. Sie gingen zu ihnen und baten um ein Stück Brot und einer von ihnen meinte:

„Gei mach egik", was übersetzt hieß: Geh und schau nach. Einer brachte notdürftig jedem ein kleines Stückchen Brot, das sie Stück für Stück lange kauten. Der Weg, den sie danach eingeschlagen hatten, kam Josef und Christian zweifelhaft vor und als Häuser auftauchten stand da ein Polizist. Josef fragte, wie man hier weiter käme und jener antwortete:

„Snatschala pokurim", d.h. soviel übersetzt wie, erst werden wir rauchen. Da musste Josef sich am Riemen reißen, um ruhig zu bleiben. Er wunderte sich über die Unverschämtheit des Polizisten genau so wenig, als über seine holprigen, recht brauchbaren Russischkenntnisse. Massiv fuhr Josef ihn an:

„Du siehst, dass ich nichts habe und betteln muss und du bist Polizist und verlangst von mir."– Zumal der Beamte viel jünger war als Josef, ließen sie ihn verlegen zurück und schlenderten weiter. Dann stießen sie mit ukrainischen Offizieren in altösterreichischer Uniform zusammen. Sie redeten mit ihnen. Die Offiziere empfahlen ihnen zum nächsten Kommando zu laufen. Kaum angelangt bereitete auch schon jemand zu ihrer Freude Schupfnudeln zu. Es waren nur noch wenige Kilometer bis Polen und das Herz strömte vor neuen Erwartungen beinahe über. Ein Uniformierter höheren Ranges schrieb ihnen noch extra einen Zettel mit Wegbeschreibung und erklärte den bestmöglichen Grenzübertritt. Dankend schritten sie der polnischen Grenze entgegen. Im Sperrgebiet, das vom Krieg tiefe Wunden durch die Trennung aufwies, endete das russische Hoheitsgebiet unmittelbar. Dort standen Grenzer mit Maschinengewehren. Entschlossen steuerten sie ihnen entgegen. Die Grenze ganz ohne Papiere zu bewältigen ließ die Herzen rascher schlagen. Es ging jetzt um das Ganze, aber wozu Angst? Josefs Leben war doch immer in Gottes Händen. Sie legten den Zettel vor und durften weiter.

Auf einmal kamen drei Reiter von der polnischen Seite. Auf einem Pferd sah man von weitem einen hoch aufragenden Mann im Sattel, der bei jeder Bewegung des Tieres auf und ab schwankte. Dieser hatte eine weiße Fahne und erst als er nicht mehr weit weg war erkannte Josef, dass dieser stumme Reiter die Augen verbunden hatte. Bei ihnen haltend zeigten sie wieder den Zettel von den ukrainischen Offizieren, das einzige Papier und – wieder Staunen darüber, das es keine Probleme gab, landauswärts Russland zu entkommen. Die Sicherheitszone endete hier.

Polen war in jener Zeit selbständig. Zwei Posten standen auf dem Dach eines militärischen Gebäudes. Drinnen empfing die Heimkehrer ein altösterreichischer Offizier. Josef gab sich als Wiener aus und erzählte viel aus der Gefangenschaft. Der Dank an den schützenden Gott und die Freude über eine geglückte Grenzüberschreitung auf dem langen Weg in die sichere Freiheit währte noch lange, besonders als der Offizier mit einem wahrlich goldenen Herzen den Wiener rufen ließ und ihm, ein ganz herzhaftes Backhähnderl, paniert nach Wienerart, vorsetzte. Vier Jahre war Josef das vorenthalten geblieben. Was hatte er Hunger gelitten, daher wusste er es besonders zu schätzen. Natürlich vergaß er den Stefan und den Christian nicht, es war ein wahres Fest mit großer Freude.

Dass der Grenzübertritt vollkommen reibungslos ablief hatte die drei Freunde schon sehr gewundert und später, erfuhren sie von den Vielen mit dem gleichen Schicksal. An den Grenzstationen hatte man sich längst daran gewöhnt, einzelne Russlandrückkehrer, die aus der Gefangenschaft geflohen waren, aufzunehmen.

Der Weg der Heimkehrer war allerdings noch nicht zu Ende. In einer Gruppe gingen sie bis Lemberg. Stolz marschierte Josef, so dass es selbst den anderen auffiel und diejenigen, die sie führten, sich zuredeten:

„Schaut..., wahrhaftig, das ist noch ein altösterreichischer Soldat.“In Lemberg kamen die ehemaligen Kriegsgefangenen in eine Kaserne. Nachmittags wanderte Josef nach dem Wirtshaus Besuch auf die Bank, um das einzige was ihm außer den abgetragenen Kleidern, die noch am Leibe hingen, nämlich das über Jahre gesparte alte Zarengeld schnell in österreichische Währung umzutauschen.

Vieles hatte sich in den Jahren seiner Gefangenschaft geändert und so war seine Freude von kurzer Dauer. Abends fuhren sie mit der Bahn der neuen polnisch - tschechischen Grenze entgegen, die sie bei Nacht erreichten. Sie hörten vereinzelt Schüsse und am Morgen erreichten sie Mährisch-Weißkirchen. Hier mussten alle entlaufenen Kriegsgefangenen aus Russland weitere drei Wochen in Quarantäne, um vorbeugend einer möglicherweise eingeschleppten Krankheit entgegenzutreten. Hier merkte Josef, dass die Tschechen auf ihrem Geld auch schon einen anderen Stempel als die Österreicher hatten, was für ihn zur Folge hatte, von den einst fünfhundert Rubel seit dem Umtausch ins Wertlose nichts mehr zu besitzen. Noch lange reichten seine schriftlichen Bemühungen an Großbanken, denn ihm hätte gesetzlich der Wert von wenigstens dreihundert Rubel zugestanden, aber eine Antwort hatte er in der neuen tschechischen Schlamperei niemals erhalten. So besaß er direkt nichts mehr. Nach seiner Entlassung aus der Quarantäne verabschiedete er sich endgültig von Stefan und Christian. Dann fuhr er endlich mit der Eisenbahn zu seinem Bruder nach Brünn.

Heimat und Glaube

Eine herrlich sprudelnde Freude kam in ihm auf. Da war sein Bruder, der Johann, den er nach vier Jahren wiedersah! Sie hatten soviel zu erzählen von der Heimat, den von ihm erlebten Bergkrieg in Südtirol; Josef flossen die Worte von Gefangenschaft und Flucht, dass er bald die Zeit zum letzten Aufbruch vergaß. Johann sorgte sich um Fleisch, starkes Bier und bereitete ein herzhaftes Mahl, denn er wusste, dass es auf dem Lande daheim kein Fleisch in den Läden, zu kaufen, gab. Es war ein Jahr vergangen, seit der Krieg in der Welt sein Ende nahm und schlechte Zeiten herrschte noch allemal auf dem Lande und bei den Menschen. In der Stadt ging es etwas besser und daher gab er, was er geben konnte. Es war passend, Samstag vor Kirchweih, da überreichte er ihm feierlich hundert Kronen und meinte:

„Da wirst jetzt erst Kirchweih halten und dann kommst her!“ Josef hätte sich nämlich gleich in Brünn am Spielberg melden sollen um abzurichten.

„Die sollen dich gern haben, jetzt führst hoam.“

Josef freute sich auf die Eltern und das Kirchweihfest in den folgenden Tagen. Ein Fest des Jubels, zu dem ihm sein Bruder gleich ganze hundert Kronen, das war ja ungeheuerlich, ein ganzes Vermögen stiftete. Die Lok qualmte schon kräftig in den blauen Herbsthimmel und als Josef im Abteil saß und seinem Bruder letzte Grüße zurief, verfolgte er nicht nur die heimisch, näher kommende Landschaft, sondern ließ die Gedanken spielen und versetzte sich für kurze Zeit fünf Jahre zurück, dachte an den Abschied, das Militär, die Front, die langen Winter Sibiriens, schließlich die Flucht und das unendlich tief gedrungene Heimweh. Er dankte Gott von Herzen, dass alles gut gegangen, und dass sich heute noch dieser Traum von der Heimkehr erfüllen würde, hoffte zugleich auf ein gesundes Wiedersehen und die erwartungsvolle Freude hatte etwas himmlisches in sich. Bei der Begegnung mit der Mutter überraschte er sie so sehr, als wären sie jetzt schon im Paradies angelangt. Es gab sentimentale Freudentränen, dann grüßte er fröhlich den Vater und Schwester und es schien wohl wie eine zauberhafte Harmonie. Es war gerade Zwetschgenzeit, daher bemühte sich die Mutter und kochte sein Leibgericht, Zwetschgenknödel. Josef hatte natürlich unermesslichen Nachholbedarf und aß gleich vierzehn von den heimatlich delikaten Knödeln, welche in goldbraunem Grieß gewälzt waren. Zwei Stunden später sah er sich im Keller um und als ihm das verlockende Fleisch und die aufgehängten Würste entgegen leuchteten, griff er unwiderstehlich zu und legte nochmals Mahlzeit ein.

Seine ältere Schwester, die Resi erschien, auf ihrem Arm saß ein goldiges Kind, ihre zweite kleine Tochter, die Ani. Beide lachten sie aus frohem Herzen. Sieben Schritte konnte die Kleine mit ihren wenigen Monaten inzwischen gehen, das verriet man ihm im Voraus. Die Mutter ließ das Kind zu Boden.

„Geh nur zu Deinem Onkel!“ Josef streckte die Arme entgegen und bat sie:

„Sieben Schritte, komm Ani!“ Da kam sie ihm auf ihren winzigen Füßchen entgegen. Welch eine Freude in allem.

Am nächsten Tag zog es ihn wieder zu seiner Schwester. Er war neugierig und konnte es nicht länger erwarten was aus ihrer kleinen Tochter, der Resi geworden war. 1909 war sie geboren, 1914 war Krieg. Inzwischen war längst der Herbst eingezogen und man schrieb das Jahr 1919. Die Alten waren in der Frühe längst im Stall, Resi lag noch in den Federn, blickte ihn fest an, aber verstand nicht: „Wer ist dies, wer ist denn das – Ah, das ist ja der Onkel," dämmerte es ihr, schlüpfte aus dem Nest und lief ihm freudig entgegen.

Josef ließ sich vor dem Fest noch den Vollbart abnehmen und das war gar nicht so leicht, weil der übergeschnappter Rasierer immer wieder neu beteuerte:

„Sie schauen doch aus wie ein Herr Doktor" und das meinte er mit einer solchen Gewissheit, dass er seine Arbeit nur mit größtem Widerwillen durchführte. Frisch gewaschen und rasiert ging Josef dann zur Kirchweih.

Von weitem klang schon die fröhliche Tanzmusik daher. Freunde und Mädchen aus Dorf und Kirche hatten Josef mit ihrem Blick erspäht, kamen und grüßten in alter Herzlichkeit. Jede Menge Abenteuer gab es dann nach all den Jahren zu erzählen. Doch schon warteten die stürmischen Mädchen, dass er sie zum Freudentanz führe. Wie nach altem Brauche und dabei erschien es ihm sogar, als wären sie hübscher geworden als früher. Vielleicht war es auch nur eine Täuschung. Welch Wunder auch, –nach fünf Jahren zwischen Soldaten und den rauen Mannsbilder der Gefangenschaft. Josef hatte noch das Geld seines Bruders und konnte damit endlich wieder heimatlichen Wein trinken, schlemmen soviel das Herz begehrte, während viele von denen, die nicht im Krieg waren, kein Geld für Wein besaßen und sich mit sogenannten „Kracherln“, so nannte man die kohlensäurehaltigen Limonaden, begnügen mussten .

Als das Kirchweihfest beendet war, fuhr Josef noch einmal nach Brünn, wo sich die Davongelaufenen am Spielberg melden sollten. Die Kasernen waren ruiniert. In den unheimlichen kalten Gängen suchte er den Raum, in dem er vor fünf Jahren seine Zivilkleidung in Kisten und Schränken verschlossen hatte. Den Raum mit Kisten fand er, darunter auch seine, – er brach sie auf und stellte zu seiner Enttäuschung eine gähnende Leere fest. Alles war geplündert und kaputt, der Krieg hatte alles zuschanden gemacht.

Armut und Not waren wie nach den meisten Kriegen die Folgen und Wunden. Österreich hatte den Krieg verloren. Die schöne Donaumonarchie war erloschen. Ihr uralter Kaiser Franz Josef starb bereits am 21.November 1916, mit ihm starb auch das schöne Donaureich.

Knapp zwei Jahre später legte Österreich - Ungarn die Waffen nieder, damit war nach 640 Jahren der Untergang der Habsburger besiegelt. **(2)** Das Zeitalter unter Kaiser Franz Josef lebte aber in den Herzen der Menschen in den Ländereien der einstigen Monarchie weiter. Und dies ohne fördernde Propaganda, ohne jedes Zutun blieb seine Größe von einzigartiger Beliebtheit. Wie einen Landesvater hatte das Volk ihm zu Lebzeiten Liebe, Treue und Hochachtung entgegengebracht und dies überdauerte noch Jahrzehnte. Jene Soldaten verpflichteten sich noch mit einem Eid zur Treue, den sie ihrem Kaiser nicht brachen. Das einst mächtige Österreich wurde auf einen sehr kleinen, wirtschaftlich kaum lebensfähigen Staat auf 6,5 Millionen Einwohnern reduziert, von denen fast 2 Millionen in Wien lebten. Mißlitz gehörte zur eigenständig gewordenen Tschechoslowakei.

Nach ausgiebiger Kriegserholung versuchte Josef in Mißlitz Arbeit zu finden. Wien hatte ja seinen einstigen Reiz verloren.

Zunächst arbeitete Josef ein halbes Jahr bei einem Meister, der ihm nur zwölf Kronen auszahlte und als er ihn um eine Aufbesserung bat, entließ er ihn am darauffolgenden Tag. Zu seinem Glück kannte Josef einen anderen Meister, der ihn gerne längst eingestellt hätte und sagte, wenn er vorher um seine schlechte Bezahlung gewusst hätte, wäre er schon viel früher mit einem besseren Angebot zu ihm gekommen. So wendete sich Josef gleich an ihn und erklärte: „Sie werden sehen, was ich leiste und danach zahlen Sie bitte“ und er gab ihm dafür sechzehn Kronen und nach weiteren zwei Monaten sogar zwanzig. Dort schneiderte er ein paar Jahre bis sich sein Traum der Selbständigkeit verwirklichte. Frei, von den Zwängen eines Meisters, kaufte er eine Nähmaschine und wurde sein eigener Herr. So schneiderte er fortan daheim, begann sich die Arbeit selbst einzuteilen und erwarb seine eigene Kundschaft. Von dem ersparten Geld erweiterte er auf diese Weise die nebenbei betriebene Landwirtschaft der Eltern. Sein älterer Bruder hatte sich für das Leben in Brünn entschieden und verzichtete auf das Erbrecht des heimatlichen Hofes. Darum sollte einmal er ihren bescheiden verwinkelten Hof weiterführen. Für die anfallenden Landarbeiten war er wie geschaffen. Schon damals in Wien, wenn er in seinem Urlaub heimfuhr und während der Fahrt die Bauern auf ihren Äckern und Wiesen, zwischen den wechselnden Waldabschnitten arbeiten sah, so zog es ihn jedes mal sehnsüchtig mit Begeisterung auf die Felder seiner Eltern hinaus.

Zunächst schneiderte er soviel Maschine und Geist herhielt, sparte fest das selbstverdiente Geld um bald nur noch, der seiner Meinung nach, schönsten Arbeit auf den Äckern, ihrer fruchtbaren Heimaterde Herr zu werden. So träumte er also ganz vom „Bauer" werden. Unvergesslich bleibt ihm bis heute jenes seltsame Erwachen an einem frühen Wintermorgen. Als er an das Fenster trat und durch die gefrorenen Scheiben schaute, schien die Welt eine Andere. Es hatte geschneit und er konnte sich nicht vor Staunen von dem Ereignis losreißen. Draußen funkelte der Schnee, seltsam wie von einem ungeheuren Atem geblasen. Es war nicht zu sehen, was unruhig schimmerte. Er lief zur Tür hinaus und blickte erschrocken zum Nachbar. Der Stall brannte, alles war ruhig. Die Sturmglocke schwieg. Kein Alarm, nur lodernde Stille.

Später kam dann ein Wiener Versicherungsmensch, der den entstandenen Brandschaden begutachtete. Die Nachbarin verwies ihn auf den hohen Verlust, deutete auf den Dachboden hinauf und verkündete den unglaublichen Wert der alten Möbel, die da heroben gelagert waren. Der Gebildete, verriet ihr begreifbar:

„Schauen Sie Frau, ich bin jung und erst frisch verheiratet und habe Möbel gekauft." Er nannte ihr den Preis, blickte sie forschend an und fragte, wie diese alten Schränke sündhaft mehr wert sein sollten. Das leuchtete ihr wohl ein und im gleichen Atemzug plapperte sie:

„Wenn ich das gewusst hätte, hätt's bei uns niet brennt!"

„Frau, ich will nichts gehört haben, aber was die Herren sagen werden, das weiß ich nicht."

Längst war seine ältere Schwester verheiratet als Josef von Russland heimkehrte und als sein erfahrener Schwager, der selbst Bauernsohn war, sein tüchtiges Schaffen begutachtete, sagte er zu ihm: „Schau, soviel Feld ist da, eigentlich könntet ihr doch eine Kuh kaufen." Josef überlegte sich das, denn der Schritt von Ziegen und Schweinen zu einer Kuh war großartig. In der Tat hatten sie bald eine junge Kalbin und einen Bauernwagen. Jetzt konnte er fahren, ein Wagner mit Kuh ließ sich wohl anschauen, aber ein Schneider mit Kuh? Einmal fuhr er zum Handel um Stoff zu besorgen. Der Händler, den er persönlich kannte, sah ihn eindringlich an und fragte:

„Ein ganzes Packerl?"

„Ja", und warf einen Blick auf die Kuh, als wollte er sagen, du fährst doch mit der Kuh, so bist kein Schneider mehr. So fragte Josef: „Wer hat dir den Überzieher gemacht, den du gerade trägst?" Da erinnerte er sich.

Übrigens, hatte der Händler zwei gebrochene Rippen und ging trotz der Strapazen vier Tage lang zu Fuß nach Maria Dreieichen Wallfahrten. Obwohl ihm jemand anbot sich auf den Begleitwagen zu setzen, der für den Fall von Schwächeanfällen mitfuhr, ließ er sich nicht von seinem Wunsch abbringen, den Weg wie jeder andere Teilnehmer zu beenden. So marschierte er hin und zurück.

Josef war auch zweimal zu Pfingsten dabei. Freitags um vier Uhr in der Frühe feierten sie zur Eröffnung daheim eine heilige Messe. Auf dem Weg aus der Kirche bis zum Ortsausgang von Mißlitz begleitete sie in einer Prozession die gesamte Kirchengemeinde. Nach der Tradition waren die Mädchen dann feierlich ganz in weiß gekleidet mit weißen Schleiern, von den Burschen getragen. Das war herrlich anzuschauen. Mit kleinen funkelnden Laternen wurde die ganze Prozession in der einbrechenden Morgendämmerung einzigartig erhellt.

Der Pfarrer, die Ministranten mit Fahnen und Glockengeläut und der weiße Wagen mit der Mutter Gottes Statue in der Mitte. Beim Ortsausgang war ein Kreuz. Die weißen Mädchen zogen sich rasch um, dann begann der anstrengende, aber schöne Fußmarsch. Auf dem ganzen Weg wurde gesungen und gebetet. Am zweiten Tag erreichten sie das Ziel. Sie schliefen in primitiver Behausung auf blankem Boden. Dafür blieb die Nacht um so beseelter, denn abwechselnd sangen und beteten die Wallfahrer. Jugendgruppen sangen, Männerchöre intonierten den Lobpreis Mariens. Frauen beteten Litaneien oder murmelten den Rosenkranz, die ganze Nacht hindurch. An Schlaf war nicht zu denken, denn schon in aller Herrgottsfrühe setzten sich die müden schmerzenden Glieder der heiteren Wallfahrer, zu Ehren Gottes wieder in Bewegung. Die ungewöhnliche Opferbereitschaft innerhalb dreieinhalb Tagen hundertdreißig Kilometer zu Fuß zurückzulegen, waren Spuren des starken Glaubens.

Nach dem rührenden Gottesdienst in der Wallfahrtskirche von Maria Dreieichen, das nun zum österreichischen Waldviertel gehörte, marschierten sie wieder heim.

Die Wallfahrer kamen nachmittags erschöpft zurück. Sie rieben sich die Augen und waren völlig übermüdet. Es war aber noch nicht der richtige Zeitpunkt um sich im Bett auszuschlafen, denn empfangen wurden sie mit Musik, Fahnen und Angehörigen. Alles, was Füße hatte, war auf den Beinen und umringte die Wallfahrer, wobei sie natürlich im Mittelpunkt standen.

An Fronleichnam zogen alle aus der Kirche hinaus. Veteranen und Feuerwehrleute stritten jedes mal, wer wohl den größeren Nutzen für das Volk brachte und dafür näher beim Allerheiligsten sein durfte. Eine sehr lange emotionale Prozession von Gläubigen führte hinaus unter das morgendlich strahlend tiefblaue Himmelsdach. Kirchenfahnen wehten, die Straßen, Häuser und Vorgärten waren geschmückt. Aus glänzenden Metallrohren in der Ferne, krachten den ganzen Tag über die Böller.

Die Ordnung der Prozession war immer festgelegt. So liefen nach dem Kreuzträger zuerst die Schulbuben, dann die Kranzelmädchen, gefolgt von den Vereinen, den Veteranen und Feuerwehrleuten. Später der Kirchenchor, Baldachin, darunter zwei Geistliche und der Pfarrer mit Monstranz, den Ministranten und erst dann das Volk. Deutsche und zum Schluss die Tschechen.

Zwei Fuhren junger frischer Birken hatte man zuvor gebracht. Herb duftend säumten sie den gesamten Weg. Der laute Gesang erfolgte in drei Sprachen, nämlich Deutsch, Tschechisch und Latein. Da waren auch viele Evangelische und Juden gekommen und schauten diesen volksfrommen Traditionen zu.

Der Vorbeter sang: „Im Himmel und auf Erden, an allen Ort und gedenk. Gelobt und geehrt er soll werden im heiligsten Sakrament!“

Alle laut: „Gelobt und gebenedeit...“

So zogen restlos alle, das ganze Dorf, Kinder, Jugendliche und Greise singend zu den in Blütenteppichen verzauberten Altären, um den Lobpreis des Herrn durch außergewöhnliche Stärke hervorzubringen. Gewiss war den Gläubigen daheim die Vergegenwärtigung durch den Leib des Herrn in Form der Hostie als Mittelpunkt mehr bewusst als heutzutage, denn sonst wären die Straßen, Häuser und Altäre nicht so prächtig geschmückt gewesen und die vielen Menschen wären dieser glaubensstarken Atmosphäre wohl nicht in solchen Scharen gefolgt. Dass Josef einmal Fronleichnam versäumt hatte, gedenkt ihm heute noch. Als er gerade an jenem Tag von den in monatlichen Abständen, wiederkehrenden Gallenbeschwerden heimgesucht wurde. Diese zwangen ihn jedes mal zum Erbrechen. Vor ihrem Haus schräg gegenüber beim Nachbar war ein Altar aufgebaut, und so stieg er hundeelend auf den Heuboden und schielte, auf Heu und Stroh liegend, von oben auf das feierliche Geschehnis herunter. Von draußen drangen fragende Stimmen durch das Fenster.

„Was mit dem Schulz geschehen sein muss, dass der nicht da ist?“ Das war schon recht verwunderlich. Seine Eltern dagegen verkörperten noch das Urbild prickelnd gesunder Menschen. Die Mutter hatte ihr ganzes Leben nicht einmal den Doktor gebraucht und der Vater, dessen festes unerschütterlich gesundes Haar bis ins hohe Alter erhalten blieb, nur einmal: Und das war bereits im Jahr 1883 bei dem Unglück im Holz, als ihn ein starker Ast beim Sturz eines mächtigen Baumes den Leib beinahe erdrückte und die Knochen im Bein zerbrach. Zunächst kam der Landdoktor. Dann wurden ihm die Knochensplitter ohne Betäubung herausgezogen. Damals ruhte der Vater für zwei Wochen mit geschientem Bein und durfte sich nicht rühren. Dann kam der Arzt und stellte eine deutliche Knochenverschiebung fest, sodass ihn vier Männer packten und den brüllenden Vater streckten. Seit jenem Unfall fehlten seinem Fuß drei Zentimeter, was ihn sein Lebtag zum Hinken verurteilte, ihm aber niemals zum Verhängnis wurde. Nicht einmal klagte er darüber. Seine urwüchsige Kraft, die er bei der Arbeit bewies, war von außergewöhnlicher Stärke gezeichnet. Er hatte starke gesunde Zähne, wie die eines Mammuts und konnte selbst im Alter mühelos einen Pfirsichkern zermalmen. Josef glaubte, wäre ihm die Mühe und Arbeit auf dem Acker nicht geblieben, er wäre nicht so alt geworden.

Er war rechtschaffen, band sich den blauen Arbeitsschurz um und ging mit seinem Tagelöhner durch den nassen Tau auf den Acker. Es war in seinem siebzigsten Lebensjahr, eine Fülle Gesundheit und Kraft strotzte in ihm. Er fuhr Mist aus, damit die Erde fruchtbarer würde und stieß die Spitzen der Mistgabel in den Misthaufen. Am Grenzrain des Feldes stand üppig und saftig das Gras, aber etwas musste seine Aufmerksamkeit geweckt haben. Ein Rascheln, jetzt war es deutlich zu sehen, ein Tier sprang aus einer Erdhöhle. Der Vater dachte an einen Hasen und griff gierig danach. Die Hand schnellte vor, das Tier im Todeswahn äugte blitzartig zurück, sah dem tödlichen Griff entgegen und biss in die Haut des Menschen. Das war ja ungeheuerlich, dieser Satans Pelz, der den Arm fletschend aufriss. Der Vater versuchte die verkeilten Zähne loszureißen, aber je mehr er um sich schlug, desto zerrissener schien Arm und Hand. Das Blut quoll unaufhaltsam und tropfte vom Handgelenk zu Boden. Das wild gewordene Tier kämpfte hängend, bis der Vater seinen treuen Tagelöhner, den Lorenz zur Hilfe rief, der den Wildling packte und ihn auf die Erde niederschlug.

Rätselnd standen beide Männer in Verwunderung vor dem erschlagenen Pelztier, das einem Biber ähnlich sah, – aber soweit sie zurückdenken konnten, war ihnen so ein Tier noch nicht begegnet, darum vermochte auch niemand eine Behauptung aufzustellen was es sei.

Die Erde war wohl weich durchnässt. Der kriminell zugerichtete Arm hätte behandelt werden müssen, deshalb nahm der abgehärtete Vater die, vom Regen klebrig durchfeuchtete Muttererde und rieb sie wie bröckelnden Teig auf die offenen Wunden. Es lag nicht in seiner Art darüber Worte zu verschwenden, deshalb schuf er bis die Arbeit zu Ende war. Als sie heimfuhren trafen sie einen Mißlitzer Bauer, der schon von dem Geschehen wusste und ihm zurief: „Schulz Vetter, Ihr müsst zum Doktor gehen, sonst müsst Ihr sterben. Das Zeug ist giftig!“ Der Vater beachtete ihn kaum und erwiderte nur:

„Eher stirbst du von nichts, als dass ich an dem zugrunde gehe.“ Man forschte noch nach jener geschlagenen Beute und kam dahinter, dass der Ärger einer Bisamratte zu verdanken war. Trotzdem heilten die Wunden schon nach wenigen Tagen.

Das Kranksein war zur damaligen Zeit eine große Schande, denn es stellte die natürliche Härte einer Manneskraft in Frage, darum schämten sich die Männer, wenn die Glieder beim Bewegen schmerzten und sie nicht mehr recht zum Arbeiten taugten. Doch eines wussten auch sie. Keinem Menschen, selbst dem Gesündesten konnte es auf Dauer immer gut gehen. Einmal erging es Josefs Vater beim Durchfall so schlecht, dass er zwar den Arzt aufsuchte, dessen Rat er aber nicht befolgen konnte, weil dieser ihm Zäpfchen verschrieb. Oh, wie Josefs Vater daheim nur so schimpfte:

„Bin ich denn ein Fass, dass man mich zustopfen muss?“ Die Mutter erzählte es den anderen Frauen und es verbreitete sich hier und da. Eine andere Frau stieß auf die Mutter und erkundigte sich genau nach dem Befinden ihres Mannes, was ihm eigentlich fehle und nach der Anweisung des Doktors.

„Geh, mit,“ fiel dieser Frau plötzlich ein, sie kramte in einer Kammer bei sich und brachte schließlich volle dunkelbraune trockene Zweige hervor. Das Ruhrkräutel muss in heißes abgekochtes Wasser hinein und wird wie Tee getrunken. Soviel kann Josef sagen, dem Vater brachte das Kraut schnellste Genesung und nicht nur dem Vater, sondern vielen Menschen. Dies sprach sich schnell unter den Bauern im Dorf herum und die Leute redeten davon. Wenn es seither den Menschen im Dorf ebenso dreckig erging, dann kamen sie alle nur zur Mutter. Auch Josefs Kuh hatte einmal das gleiche Schicksal getroffen und er fragte die Nachbarn, verzweifelt um Rat, aber keiner hatte jemals Erfahrung damit gesammelt. Es bereitete ihm große Sorgen, denn die Tierarztbesuche hatten immer ihren Preis und er war ja angewiesen auf die Kräfte dieses Tieres, drum folgerte er was den Menschen helfe, könne dem Vieh keineswegs Schaden bringen, kochte gleich einen Eimer Wasser und ließ das Ruhrkraut darin ziehen. Die Kuh trank aus, wurde munter und war schon am nächsten Morgen wieder vollständig gesundet.

Als der Frühling hereinbrach begann die Arbeit im Märzen und man musste zusehen, dass man die Äcker bestellte. Nachdem die nasse Erde mit Hilfe der Kuh gepflügt und mit der Egge bearbeitet war, wuchs die frische Saat. Disteln wucherten und mussten einzeln gestochen werden. Mühsam war die Handarbeit, wenn die Felder gehackt und die Pflanzen vereinzelt wurden, all dies kostete Tage und Wochen. Und vor seiner Zeit ließen sich Kinder sogar vom Schulunterricht befreien, liefen manchmal zu Stunden entfernten Bauer und verdienten sich sogar bis zu sechzehn Kreuzer am Tag. Wenn sie am Samstag ihre Sechsundneunzig Kreuzer verdient hatten und einen ganzen Silbergulden erhielten, oder Mädchen ein neues Kopftuch und für Sonntag ein Stück Fleisch kaufen konnten, da waren sie stolz gewesen.

Josef ließ den täglichen Morgen, wie viele der damaligen Bauern, von dem frühmorgendlichen Glockengeläut, dem Kirchgang und der heiligen Eucharistiefeier beginnen. Dann spannte er den Wagen ein, fuhr im Morgenduft auf die Felder. Die Sonne schien und durchsichtige Wolkenstreifen tauchten, in den lichtblauen Himmel, wie zarte Stränge zogen sie von der Erdoberfläche bis hinauf in die Ewigkeit des Himmels. Unendlich hoch droben hörte man unsichtbare Lerchen singen. Im Erdboden schwoll und gärte es, denn Wasser rann und sickerte noch vom nächtlichen Regen in die Ritzen und Furchen. Mit neuer Lebenskraft, die ihn an diesem Morgen durchströmte setzte Josef, der künftige Bauer, die schwere Arbeit mit Leib und Seele fort.

Da schaute zu Mittag einmal die Schwester des Onkels vorbei. Die Liesel, ein junges lustiges Mädchen grüßte diesmal nicht wörtlich, sondern stürzte ihre Arme wie die einer Verlobten um seinen Hals, küsste ihn und ein liebevolles Mädchengesicht schaute inbrünstig in sein verwundertes Antlitz.

„Liesel, was ist, bist verrückt?“ Sie deutete mit dem Kopf dorthin, wo der Schatten eines Mannes auftauchte und erklärte leise: „Dort steht er und soll sich ärgern,“ dann drückte sie die Wangen an die seinen. Sie war lustig und zu all dem frühen Glück blieb sie zum Schluss dann doch ledig.

Als der saftig grüne Futterklee zum Schnitt fertig stand, legte Josef das Schneiden mit der Sichel nieder und beendete als einer der letzten Bauern im Dorf diese uralte Tradition. Er kaufte eine Sense und sein Schwager lernte ihm Klee und Weizen schneiden. Wie leicht und großzügig das Messer jetzt durchs Gras rauschte. Welch großzügige Bögen nur. Er hatte sich die Hemdsärmel aufgesteckt und holte weit aus. Als die Sense nur noch riss, war es an der Zeit zu wetzen. Er blickte zu Vater und Mutter. Gewiss lagen die Halme mit der Sichel mehr in Reihe, aber die Eltern nahmen die Änderung hin und zeigten eine geradezu großartige Toleranz.

Viel schwerer dagegen hatte es Josefs Schwager mit seinen alt eingesessenen Eltern im Nachbarort Knönitz, denn als seine Mutter alt und gebrechlich wurde und noch immer das heruntergekommene Bett ihrer Großmutter benutzte, wollten es die Söhne austauschen, was allerdings der Alten nicht einmal im Traum eingefallen wäre. Hart bekräftigte sie:

„Na, na, na, in dem Bett ist meine Mutter und Großmutter gestorben und ich will auch hier sterben“ und brachten sie nicht raus. Der Vater, glaubten sie, der für neue Sachen aufgeschlossener schien und nur beim Rauchen kein Ende fand, wird wohl gescheiter sein. Als er einmal abends weg-ging, nahmen sie sein Bett und stellten ihm ein Neues auf. In seiner Schlaftrunkenheit legte er sich später wie gewohnt ins Nest. In der Nacht erwachte er und kam auf den Gedanken, dass er ja eigentlich ein bischen rauchen könnte, zündete seine Pfeife an, schob sie qualmend und aufgeregt von einem Mundwinkel zum anderen und betrachtete völlig verwirrt sein Bett. Fassungslos schrie er:

„Ich bin in an fremden Haus! ..... Dies is doch nied mein Bett! ... I bin in an anderen Haus!“ Machte einen Krawall bis alle aufstanden und man ihm das neue Bett heraustrug und das Alte wieder hineinstellte. Manche waren damals eben so stur.

Land der Liebe

Josef war Junggeselle wie die meisten Mißlitzer seines Alters. Da gingen sie einmal in den Nachbarort und versammelten sich dort im Wirtshaus zum Kartenspiel. Später ging es dann nicht mit rechten Dingen zu, wohl wusste er ja, dass in den letzten Jahren vor der russischen Gefangenschaft die Marie ein Auge auf ihn geworfen hatte und seitdem hinter ihm her war. Josef plauderte recht gerne mit ihr, aber mehr wollte er beim besten Willen nicht. Überall hatte sie ihm in letzter Zeit nachgesehen und war so freundlich zu ihm. Sie kam aus rechtschaffenen Kreisen, erbte später zwanzig Metzen Feld, den Hof und viel Geld. Josef mochte sie dennoch nicht, zumal sie schon immer ein bequemes Wesen war und außerdem ihr rechtes Auge ständig schielte.

Als er in Russland war schrieb seine Schwester, er solle der Elbling Marie auch mal schreiben, sie würde so oft nach ihm fragen, aber das unterließ Josef besser.

Jetzt aber zurück zum Kartenspiel. Die Karten flogen der Reihe nach auf den gescheuerten Eichentisch. Bei einem guten Wein ging es derb und lustig zu. Plötzlich kam jemand sanft zur Tür hinein, es war die Marie. Sie setzte sich an den Tisch daneben und schaute zu. Irgend jemand musste ihr von dieser Verabredung erzählt haben. Als das Spiel beendet war trank Josef den Wein geschwind aus, entschuldigte sich bei den Genossen, nahm seinen Hut von dem Haken und stahl sich schleunigst davon.

Marie sprang zur Tür, hielt ihn fest und redete wie im Traum, so dass es alle Leute mitbekamen;

„Josef, brauchst nur a Wort zu sogen und ich nimm dich zu meinem Mann!“ Ihr Haupt hob sich voller Hoffnung. Josef holte sie noch in die Realität zurück und bekräftigte, dass er sie niemals heiraten würde, schloss die Tür und sah zu, heimzukommen. So war ihr Traum aus von dem Josef – für alle Zeit aus. Zum Glück himmelte sie einen anderen Burschen an, der ihr das Jawort gab. Frisch verheiratet kauften sie ein ganz neues Haus. Die Leute im Dorf raunten darüber und ermahnten die Beiden.

„Alex, was manst?“

„Ah, vor den Zwanzigtausend hab ich koa Angst!“

Sie richteten das Haus gemütlich ein und begannen zu wirtschaften. Sie arbeitete bei einem Bauer und wenn der Feierabend hereinbrach, dann begann sie zu stöhnen und zu schluchzen, wie es eben haushoch verschuldeten Leuten erging, wenn sie keinen Ausweg mehr sahen.

„Hmm, jetzt bis ich heimkomme, was soll ich dann kochen und mein Mann? Was soll der essen!“

„Na, so bleib da, wirst bei uns essen“ und auf die Nacht hin das gleiche Jammern: „Wenn ich jetzt heimkomme, was werde ich meinem Mann kochen?“

„So bleibe da,“ boten ihr wieder diese guten Menschen an. Es kam sogar soweit, dass ihre ledige Schwester, welche Buchhalterin gelernt hatte, zu ihr sagte: „Marie, ich schenk dir die Zwanzigtausend, aber du darfst keine neuen Schulden mehr machen.“

„Dies kann ich nicht.“ So ein Trampel war sie geworden. Seither wurden Hof und Äcker heruntergewirtschaftet, sie gebar zwei Kinder, die Jahre verflossen, aber die Schuldenberge und Zinsen wuchsen unaufhaltsam bis kein Weg daran vorbei führte alles, neu Erstandene, zu verkaufen. Ihr Schwager erwarb es. Zurück blieb ihnen einen Metzen Feld. So tief muss der Mensch sinken, wenn er seiner Habgier nicht widerstehen kann.

Ein guter Freund bestätigte Josef das einmal so; besser ist es eine Frau zu heiraten aus armen und bescheidenen Verhältnissen, die wohl aber durch ihren Fleiß kräftig hinzu wirtschaftet, als eine Frau aus recht unbescheidenen Verhältnissen mit mächtigem Erbe, deren Leidenschaft zur Trägheit führt und die mit den Jahren alles verschleudert und zu Grunde richtet. So erging es vielen, bei denen große Summen ausstanden und die schließlich tief in den Schlamm der Armut herabsanken und zum Schluss betteln gingen.

Mit der Marie ging es bald zu Ende. Sie starb überraschend. Vergessen hatte sie Josef nie, denn ihr letztes großes Anliegen war, dass er sie zu ihrem Grabe tragen sollte. Bei ihrem letzten Geleit, zum Begräbnis, schritt der Pfarrer voraus, dann sollten die Totenträger folgen. Josef hatte aus der Kapelle eine Bahre besorgt, aus der Kirche die Laternen und jetzt wartete er brennend auf die anderen fünf Träger, aber keiner kam. Deshalb beauftragte er einen Ministranten ihm zu helfen. Sie legten die Laternen mit dem Sarg auf die Bahre und hatten alle Mühe sie zu schleppen. Sein Zorn über die anderen Totenträger, die ihn im Stich ließen, schwoll unerträglich an. Am Grabe sammelten sie sich bei den allerersten und ihre Augen blitzten belustigt zu Josef auf und ab.

„Na, wo seid's hingegangen.....? Kirchweih," wetterte Josef schonungslos.

„Wir haben gemeint sie wird schon jemand bringen." Josef ließ sie ausreden, aber bei all den weit schweifenden Erklärungen und Rechtfertigungen brachte er es nicht fertig Ruhe zu bewahren und schimpfte fest und eindringlich.

Es gab aber auch sehr tüchtige Menschen in Mißlitz, die mit ihrem Schicksal schwer zu kämpfen hatten. Ein Beispiel dafür, war unser Rasierer, der Benno, der sich auf heruntergewirtschaftete Läden spezialisiert hatte, diese kaufte er und brachte sie großartig zum Florieren. Verstanden hatte er es wohl mit dem Geschäft, weniger aber mit seinen vier dominierenden Frauen, seiner Mutter, Schwester, die Schwiegermutter und seine Frau, denen er ausgeliefert war. Ein armer Trottel, der nur noch herum kommandiert wurde und prophezeit hatte, er werde sich aufhängen, worauf ihn die Frauen nicht ernst zu nehmen, schienen. Eines Tages stieg er auf den Dachboden hinauf, beteuerte sich aufzuhängen, richtete den Strick und wollte sein Leben beenden. Die Frauen sahen ihm nach, rasten hinaus und schrien hilflos in die Gasse.

Draußen spazierte ein Mann. Es war ein Verwandter, den sie in ihrer Angst überstürzten.

„Bruschka, geschwind, der Vetter will sich aufhängen!" Sie vollführte einen fürchterlichen Lärm, dass es von den Wänden widerhallte und der Mann blieb unbeeindruckt und wartete scheinbar nur brennend darauf. Dann beruhigte er, nahm kein Blatt vor den Mund und entgegnete laut: „Wenn er nur schon hänga tat!"

Benno hatte die Unverschämtheit am Dachboden gehört, stieg blitzschnell hinunter und wollte den Bruschka fassen, der noch rechtzeitig die Flucht ergriff, stob ihm nach, erwischte ihn aber nicht und verfluchte ihn in seiner Wut.

„Bruschka, du Hund!“

Und später, da konnte Josef nur lachen. An warmen Sommerabenden war es meist Brauch, dass sich die Bauern auf Bänken am Dorfplatz zum Erzählen trafen. Das ging gewöhnlich bis 22.00 Uhr. Während dieser Zeit galt es heitere Stimmung zu genießen. Diesmal saß Josef abseits und eine Stimme, rief aufgeregt nach ihm und versetzte ihn in Alarmbereitschaft. Er dachte, wer weiß was für ein Feuer ausgebrochen sein wird und sprang auf.

„Der Benno will sich aufhängen!“ Josef war schon unterwegs gewesen, drehte sich auf der Stelle wieder um und setzte sich in aller Ruhe ins Eck zurück, denn er kannte ihn ja und wusste, dass er wieder einmal seine Frauen schreckte. Aufgehängt hatte er sich nie, das brachte er nicht fertig.

Als der Spätherbst kam, war der Boden schon leicht gefroren. Die Blätter waren dunkel vor Feuchtigkeit. Einige leuchteten in den letzten abendlichen Sonnenstrahlen im Wechselspiel von Sonne und windigen schwarzen Wolkenfetzen, die den Himmel brausend umgaben. Morgen sollte die Weinlese stattfinden. Die Reben hingen prächtig und wenn die Sonne hervorbrach, so dass die Strahlen wie Lichtstreifen die Luft bis zum Weingarten durchschnitt, dann glänzte und leuchtete das tiefe Blau der Trauben zwischen goldgelbem Laub hervor. Möge Gott auch über diesen Tag seinen Segen vor unheilbringendem Wetter geben, denn sonst wäre alle Mühsal über das Jahr umsonst gewesen. Alle saßen hier, unter den Füßen des Gekreuzigten in der Stube zum gemeinsamen Gebet versammelt.

Über dem Land lag ein fernes Grollen. Draußen peitschte Wind und Regen an die Wände, heftiger denn je. Das laute Prasseln verriet, dass es schwerer Hagelschlag war. Das Wetter wütete, unruhig flackerte die Wetterkerze in der Stube. Das Gebet war die Hoffnung für alle, an die man sich innig klammerte. Über die Wangen der Mutter und Schwester liefen Tränen, sie heulten und konnten es nicht fassen. Sollte dieser letzte Abend vor der Weinlese alles durch und durch kaputtschlagen und alle Arbeit nutzlos werden lassen? Steht nicht in der Heiligen Schrift geschrieben, wer bittet, empfängt? Der Abend neigte sich und die Nacht brach herein. Im Bett überkam Josef der Schlaf und am Morgen waren schwere Schäden in den Vorgärten der Straßen sichtbar. So schien die Weinernte auszufallen, trotzdem spannte Josef ein, wie an jedem Morgen fuhr er aus dem Dorf an Äcker und Weingärten vorbei. Nach den ersten Blicken traute er seinen Augen nicht mehr. Er schaute ein zweites Mal und als er die Weinstöcke mit all ihren Henkeln, immer noch, wie gestern unversehrt vorfand, da dankte er Gott von Herzen und fuhr mit neuer Lebensfreude zurück. Die meisten Weingärten blieben verschont, nur im Dorfe tobte der Hagel mit unerschütterlicher Kraft hernieder. Daheim schien die Atmosphäre gedrückt und trostlos. Doch als er ihnen mit aufgeheiterter Miene entgegentrat und erzählte, da verflog die Trübsal in Windeseile. Der Dank an den Allmächtigen war groß. Dann wurden Bütten, blaue Schürzen, Scheren, Schüsseln, Vieh und Wagen hergerichtet und es wurde aus Herzensfreude zur Ernte gesungen. Welch fröhliches Leben, besonders an diesem Morgen, wenn in großen Bottichen überall die goldene Traubenernte einging. Alter Heimatspruch in böhmischen Dialekt erinnert daran:

„Even der Weinstock kaut ist,
even er kimmt blir,
even tro Weimper wochsen,
wos gibt das fir a Mihr.
Wie bet ma das ka Reif kimmt,
und dass koa Hogel follt.
Der Wein wird miasam hergstellt,
versoffer isa bold."

Übersetzung:
„Bevor der Weinstock gehackt ist,
ehe er noch blüht,
bevor die Weintrauben wachsen,
was gibt das für eine Mühe.
wie beten wir, dass kein Reif kommt
und dass kein Hagel fällt.
Der Wein wird mühsam hergestellt,
getrunken ist er bald.“ (6)

Nach der Weinlese fuhr dann jedes mal ein Bauer mit seinen geschmückten Wagen durch die Straßen von Mißlitz. Darauf stand ein Bottich, daneben ein stattlich gekleideter Mann, der den Bürgermeister spielte, behutsam auf eine Schüssel trommelte und verkündete:

„Also, heute Abend haben wir unser Weinlesefest. Alle Leute sind eingeladen zum Essen, Trinken und Heiraten – alles wird lustig sein.“

Am Abend ging es dann lustig einher. Über den Leuten hingen Weintrauben, Äpfel und Birnen. Es wurde getanzt und wenn das leckere Obst darüber verlockte, sprangen Burschen oder Mädchen übermütig in die Höhe und plünderten die Frucht. Wenn des Wächters strenge Blicke erst mal jemand erwischt hatten, dann wurde der Dieb aus der Menge abgeführt und zum Bürgermeister geschleust. Nebenan saß der vornehme Schreiber mit einer übergroßen schwarzen Brille auf der Nase, natürlich kein Glas drin, wohl aber eine große Gänsefeder in der Rechten mit der er bei hernieder gezogenen Augenbrauen, die Namen in schwarzer Tinte mit vielen Schnörkeln, auf das Papier setzte. Der Spaß kostete bei Burschen eine Krone und wenn ein Mädchen dran glauben musste, sperrte man sie sofort hinter Schloss und Riegel. Nur der Bursche konnte sie auslösen, danach hieß es meistens, jetzt wird nicht getanzt, sondern geheiratet und die Zeremonie kostete ebenso eine Krone. Aber schön war es, denn Stimmung und Heiterkeit, die nicht zuletzt der gute Wein auslöste, ließen alle Sorgen verschwinden.

Daheim hatte Josef seine eigene hölzerne Presse, die hatte einmal sein Vater bis auf die Spindel selbst gefertigt. Seitdem pressten sie selbst. Es kamen viele zu ihnen um zu pressen, denn nur wenige hatten ihre eigene Weinpresse. Außer den Großbauern natürlich, denn die waren mit den schweren Steinpressen ausgerüstet, welche auch noch den letzten Tropfen auskosteten. Den Trester hat man nachgepresst um damit Suppe zu kochen und schließlich den Rest auf den Mist geworfen. Alte Fässer wurden hergerichtet und der Leger vom alten Wein auf den Misthaufen geschüttet. Anschließend mistete Josef den Stall aus, riss Türen für den freien Lauf der Schweine und Ferkel auf, um besser arbeiten zu können. Draußen scharrten grunzend die Schweine im Mist und fraßen fröhlich den Leger. Es dauerte wohl lange, bis Josef nach ihnen schaute, denn die Alte schleppte sich nur mühsam und wankend in ihrem Gang hin und her. Josef ging hinaus und erschrak, denn Schweine und Ferkel taumelten benommen kreuz und quer über den Hof. Jetzt sah er zu sie schleunigst in den Stall zu treiben, er dachte, wenn sie ihm in die Jauchegrube hineinfallen bricht sich noch eins den Haxen. So hatten sie alle einen kräftigen Rausch gehabt.

Nur die größten Höfe in Südmähren waren mit ganzen Presshäusern ausgerüstet, in denen man große Kessel, Waschtröge und Bottiche vorfand. Vom Presshaus aus führte eine Treppe in den Weinkeller. Die großen Kammern waren sowohl für die Weinpressen, als auch zum Powidl (Latwerge) kochen bestimmt. Man kochte einen ganzen Kessel voll, – in dem sich die Zwetschgen innerhalb von acht bis elf Stunden zerkochten. Eine mühsame, langwierige Arbeit, bis der Powidl fertig war.

In Kodau, das ist die Ortschaft daneben, war einmal ein Dienstmädel des Pfarrers, tüchtig mit Powidl kochen, beschäftigt. Der Priester war sehr zufrieden mit ihr, aber sie hatte sich in einen Mißlitzer Burschen verliebt und dem Hochwürden war das aus Kummer, er könne das Mädel verlieren, gar nicht recht. Es roch, kochte und dampfte aus den großen Zwetschgenkesseln als ein paar Burschen und ihr Liebhaber das Mädchen im Pfarrhof besuchten. Alle wussten sie, dass der Priester diesen nicht gerne auf seinem Hofe sah.

Draußen kamen Schritte näher, der Pfarrer kam. Schnell packte einer der Burschen den unwillkommenen Gast bei der Schulter, riss die Türklappe auf und versenkte ihn gerade noch rechtzeitig in den Keller. Obwohl dieser, keinen Schimmer sehen konnte, wusste er, dass hier irgendwo Wein lagerte. Er tastete all das was er greifen konnte ab, bis er sich das Schienbein rammte und kopfüber in das frische Zwetschgenmus fiel. Dann tobte er wild, von Kopf bis Fuß verklebt. Natürlich war der Ärger mit dem Pfarrer noch größer, aber die Beiden heirateten und nichts in der Welt konnte sie trennen.

Nun aber wieder zurück zum Wein. Als die Fässer gefüllt waren, gärte aus dem süßen Rebensaft der Wein. Daheim waren die meisten Weinkeller draußen im Garten. Die Türen blieben offen, so dass Diebe jederzeit hineinlaufen konnten. Josef erinnerte sich nur von einem Einzigen, der dieser Verlockung nicht widerstehen konnte, dieser bezahlte mit dem Leben. Zumeist waren die Menschen jedoch schlau genug zu Begreifen, dass der Gärungsprozess jedes Leben ersticken lässt.

Dann kam die Zeit der ersten Weinproben. Da trafen sich die Junggesellen am Abend vor den dunklen Holzfässern in den gewölbten Weinkellern zusammen. Da war man unter Männern und wo zwei drei beisammen waren ging es immer recht lustig und fröhlich zu.

„Na, so stimmt's ans an," hieß es. Sie sangen Lumpenlieder aber auch christlichen Gesang. Man erzählte sich Geschichten, rauchte auch Pfeifen und trank Wein, so- viel das Herz begehrte. Auch wenn Josef an Kirchtagen mit den schönsten Mädchen tanzte, so hätte er zum Heiraten noch lange keine Zeit gefunden und er hatte auch nicht daran gedacht, wäre die Mutter nicht auf die Achtzig zugegangen – so dachte er, wer wird ihm sein Lebtag kochen, er muss heiraten!

Der Mutter war es nicht recht und sie schimpfte böhmisch, wenn die junge Bauerntochter aus Treskowitz ihre Verwandten in Böhmdorf besuchte und bei dieser Gelegenheit mehr bei ihrem Sohn saß, um ihm bei der Arbeit zuzuschauen und hierbei auch noch all die Kostproben von ihren Spezialitäten versuchte.

Josef gefiel das große Interesse an seiner Wirtschaft dieser jungen Frau.. Sie war ländlich, natürlich, herb und schön, hatte blaue Augen und war sehr gut auf ihre Weise. Braun-blondes Haar säumten ihre rundlichen Wangen. Und schon bald hatte ihn jener Zauber von Zuwendung und Liebe überwältigt, dass sie sich an einem Sonntag trafen und zusammen zur Kirchweih gingen.

Sie amüsierten sich in Hosterlitz und sahen den einheimischen Mädchen zu, wie sie in schwarzen Röcken und weißen Blusen gleich gekleidet mit den Burschen unter freiem Himmel tanzten, während der Altbursche, ein langer, hagerer Bauernsohn auf dem hölzernen Wagen stand und mit scharfen Blicken aus seinen reinen blauen Augen auf seine achtzig Burschen nieder schaute. Neben ihm stand das Dienstmädchen. Die Burschen trugen schwarze Hüte, die mit zwei drei Virginias bestückt waren und wenn die schattigen Gesichter unter der Hutkrempe noch so dem Altburschen gehorchten, so waren sie in Mißlitz wegen ihrer leidenschaftlichen Rauferei von den Leuten so gefürchtet, dass man die beiden Kirchweihfeste zur gleichen Zeit begann.

Erst Kirchweih und eine Woche später das Nachkirchweihfest verbrachten sie natürlich auch zusammen in Treskowitz, wo sie es gemeinsam genossen und Josef nach langen Abenden dann jedes mal zwei Stunden in tiefer Dunkelheit über das Land nach Hause laufen musste.

Von diesen Tagen an war Maria in sein Leben getreten und nicht mehr wegzudenken. Und so kam es, dass abwechselnde Liebesbriefe und Besuche den Sonntagnachmittag bald ganz beherrschten. Beide waren glücklich und gehörten ganz zusammen. Josef überwand sein Junggesellendasein, überraschte sie mit seiner Liebeserklärung und als sie an dem gewünschten heiklen Punkt angelangt waren, erklärte er ihrem Vater, dass sie einander lieben und heiraten wollen. So legten sie die Hochzeit auf den 20. Februar 1930 fest. Zu einer standesamtlichen Trauung kam es nicht, denn dies war in Mißlitz zu jener Zeit nicht üblich. Als diese aber bald danach eingeführt wurde, waren die Bauern anfangs verwundert und schüttelten darüber nur den Kopf.

Zu der kirchlichen Trauung in Treskowitz luden sie alle Verwandten, Bekannten und Freunde ein. Die Glocken der schönen barocken Pfarrkirche läuteten, die Orgel spielte, die Gäste sangen laut und ergreifend der göttlichen Liebe entgegen. Sie schauten hinauf, ans prächtige Gewölbe und mitten in der abgebildeten Allmächtigkeit war ein kleines Fensterl, da strahlte schmal, ein heller Lichtkegel von frühlingshafter Sonne wie ein Zeichen des Himmels hernieder. Es war wunderschön, der Pfarrer traute sie und gab ihnen den Segen. Anschließend feierten sie eine echt böhmische Hochzeit in Treskowitz. Die Burschen im weißen Schurz trugen Suppen, Knödeln, Kraut und Braten, sowie Buchteln der Reihe nach auf. Die herzhaft böhmische Küche war so echt wie der eigene Wein ohne Zusätze. Im weiteren Verlauf bestimmte Musik, Tanz, Gesang, Bräuche und Lustigkeit und es ging ein herrlicher Tag zu Ende.

Zur Hochzeitsnacht verließ Maria Eltern und Brüder endgültig und zog als seine Frau bei ihm ein. Josef und Maria wollten Kinder und hatten endlich beide ihr himmlisches Glück gefunden.

Das Frühjahr kam und bevor die Aprikosen und Kirschblüten aufsprangen und frisches Grün aus dem Boden spross, zeigte er Maria Hof und Äcker. Es war ein Frühling der Liebe – für sie. Man eggte, säte und walzte die Felder. Gewiss kein leichtes Schaffen mit einer Milchkuh obendrein, aber so groß die Anstrengung ohne Maschineneinsatz auch war, sein Gemüt blieb unbeeinträchtigt – im Gegenteil, – temperamentvoll sang er fröhlich in den Morgen.

Im Weingarten war es an der Zeit die Rebzweige zurückzuschneiden. Gewöhnlich spritzten die Bauern, was Josef prinzipiell als einziger Biobauer nicht tat, verlor aber trotzdem kaum an Ertrag. Er schnitt den Klee als Futter, brachte glänzend rote Kirschen und Johannisbeeren aus dem Obstgarten und presste frischen Wein. Sie molken Ziegen und Kühe, machten Käse und Brotlaibe. Sie fütterten und schlachteten Gänse, Hasen, Hühner und zwei bis dreimal im Jahr auch ein Schwein. Das Schmalz auslassen und das Einsalzen des Fleisches gab Vorrat für den Winter. Das Einbringen und Dreschen der Ernte beanspruchte die meiste Zeit.

Es verging Sommer und Herbst im Schaffen. Dann endlich konnte das pflügen der Äcker beginnen. Reine Spätherbstluft säuselte über das Land. Die Sonne strahlte so blendend hell und klar. Er schaffte Furche um Furche. Der Schweiß stand auf der Stirn, dann band er sich den Schurz hoch, schlug die Hemdsärmel zurück und sah auf die Arbeit nieder.

Unter ihm sein eigener Grund und Boden, um ihn herum Freiheit, – das Leben. In der Luft trällerte stehend die Feldlerche und im Himmel über allem die Dreifaltigkeit des lebendigen Herrgotts. Mit Leib und Seele war er nun Bauer, denn dies war seine Erfüllung und Lebenstraum zugleich. Sein asketisches Leben hatte sich also auch nach dem Kriege gelohnt. Der Bauer zahlt gerade nur seine Steuern und ansonsten hat ihm niemand reinzureden. Das mühevolle Stubenleben als Schneider mit einem Meister obendrein war ihm längst zuwider geworden und selbständige Gesellen konkurrieren einander geradezu überflutend in Mißlitz. Sein starker Wille und Schaffensgeist baute auf Landwirtschaft. Die Zeiten wurden immer besser, er kaufte, erweiterte und waltete nach Gutdünken als selbständiger Herr und siehe es war sehr gut.

Eine auffallende Versammlung geschah an jenem denkwürdigen Sonntag und blieb Josef in froh machender Erinnerung. Alle Bauern und Häusler kamen an diesem Tag von ihren Höfen, wie zum sonntäglichen Kirchgang auf den großen Platz vor das Rathaus und warteten gespannt auf die neuesten Verkündigungen, die man wegen dem Zeitungsmangel nur so am ehesten mitbekam. Der Redner begann zunächst mit den gewöhnlichen Worten, doch dann brandete er während seines Vortrages zum Unglaublichen über. Die Menschenmenge war zumeist außer sich vor Freude, die Ohren aller lauschten gespannt, auch Josefs

Herz war zutiefst bewegt. Bei diesen öffentlichen Kundgebungen bewogen wohl damals wie heute negative Nachrichten das Weltbild, ganz anders war es diesmal. Eigentlich erzählte der Gemeindevorsteher nur von einer einfachen Bauerntochter aus einem kleinen bayrischen Dorf – nahe, der böhmischen Grenze, – aber seine Neuigkeiten, riss viele in Staunen, denn Gott hatte großes an dieser Therese Neumann von Konnersreuth getan. Bücher zeugen auch heute noch von ihrem Leben, das auffallend geworden war durch die alljährlichen Karfreitagsleiden mit den Wundmalen des Gekreuzigten. Aufgrund ihrer auffallenden Heilungen, Stigmatisierungen, Visionen, Schauungen und ihr langjähriges Leben ohne Nahrung und vieles mehr. Die einen Menschen glaubten und die anderen glaubten nicht, diejenigen, die davon überzeugt waren lobten und dankten dem lebendigen Gott für seine Wunder, die er auch heute noch bei den Menschen wirkt. Beglückt kehrten sie dann in den Alltag zurück.

Wir waren also alle von diesem Bericht zutiefst bewegt. Josefs Frau war bereits in der Schwangerschaft und so würde sich in absehbarer Zeit die Familie vergrößern.

Noch wohnte seine jüngere Schwester, die Antonia, im Elternhaus dabei. Heiß verliebt und innigst versprochen war sie einem Mann namens Johann Springer. Auch wenn die Antonia bald ihren künftigen Gemahl heiraten und einen eigenen Haushalt führen würde, so war Josef doch das geerbte Haus der Eltern mit seinem ungeschickt verwinkelten Hof schon lange für all die landwirtschaftlichen Geräte mitsamt den erworbenen Kühen und Leiterwägen zu eng geworden. Schließlich wollten sie mehr Kinder, darum zögerte Josef auch nicht beim Kauf eines größeren Bauernhauses mit Hof wenige Straßen weiter.

Sein Vater jedenfalls unterstützte das Vorhaben zu seiner Überraschung und sah als Maurer bei der Renovierung des Hauses seine feste Aufgabe. Der Vater baute ein großes Einfahrtstor, schuf soviel er konnte, während Josef sich um die Landwirtschaft bemühte. Die Zukunft brachte jede Menge Arbeit, denn bis zum Einzug in das neue Haus kamen noch andere große Ereignisse.

Maria war, wie bereits erwähnt, schwanger und lag deshalb im Bett, darum kochte die Mutter. Sie röstete nach ihrer einfachen alten bäuerlichen Art goldbraunen Grieß in Butter, der später mit Salz und Zucker abgeschmeckt und mit Nudeln serviert wurde. Es war an einem Freitag, die Hebamme war schon zu Gast. Alle setzten sich nieder und aßen. Die Hebamme sagte:

„Ich nehme mir noch mal, sann fein!"

„Na, dazu san's doch da," erklärte Josef verständnislos. Nach einer Weile sagte sie das gleiche noch einmal, aß und nahm sich sogar noch ein drittes Mal, was die Mutter besonders erfreute. Es schien als käme in jenen Wochen und Monaten vor dem Einzug alles zusammen. Die Hochzeit seiner Schwester Antonia nahte und wenn die bevorstehenden Arbeiten zwischen Acker und Umbau auch zu Bergen würden, so hatte er ihr trotz allem eine prächtige Hochzeit versprochen und ihre Augen leuchteten und funkelten aus ganzem Herzen am Hochzeitstage. Die Spannung zum Festtag war groß, denn zwei Häuser weiter feierten die Leute zur selben Stunde Hochzeit. „Wer wird es schöner haben," fragten sich die Leute im Dorf, ihre Bauerngeschlechter schwiegen eisern darüber, gaben sich beide viel

Mühe backten und kochten. In beiden Häusern erwartete man zugleich ein Kind, bei gleicher Hebamme, welche täglich vorbeischaute. Als sie aber am Hochzeitstage von drüben hungrig kam und all die Leckereien vertilgte, da wussten Josef und Maria, dass der Nachbarhof nicht viel zu bieten hatte. Sie erzählte von kleinen noblen Buchteln, wo keiner recht satt wurde.

Die Sonne leuchtete im blassen Herbstschein durchs Fenster hinein. Josef schlug ein Fass eigenen Weines an. In der Stube ging es lustig zu, es wurde gesungen, getanzt, viel getrunken und gegessen. Das Essen, vor allem Fleisch war des Bauern Stolz. Um Mitternacht gab es dann gut gesäuerten Hase, damit die Gäste munter blieben, so verlangten es die Bräuche und sie feierten Hochzeit, solange das Essen reichte – eine Woche lang.

Dann vergingen vier volle Jahre, ein Winter und ein Frühjahr. Maria brachte in dieser Zeit, drei Buben zur Welt, den Josef, genannt Sepp, den Johann und den Alois. Josef und Maria hatten dann alle Hände voll zu tun, damit sie der täglichen Arbeit nachkamen und zur Erntezeit schufen sie manchmal von Sonnenaufgang bis Untergang.

Die Kinder waren dann meistens noch nicht im Bett und ein sehr langer Tag ging zu Ende. Josef hatte also aufgrund seiner späten Heirat nichts versäumt, denn so manchmal sehnte er sich noch zurück in die Zeit freier Burschenherrlichkeit.

Viele Junggesellen der einst fröhlichen Weinrunden waren nun verheiratet und vom Handwerksberuf nach Möglichkeit auf Landwirtschaft umgestiegen. Somit entstanden viele bäuerliche Kleingehöfte, wobei nur wenige praktische

Erfahrung in der Landwirtschaft gesammelt hatten. Was Wunder also, wenn beim Schlachten so mancher unbeholfen den Anderen um Rat bat. So war Josef oft im Einsatz, übernahm das Schweinestechen, aufhängen, aufschneiden, ausnehmen und ab brühen.

Einmal war es umgekehrt, da wollte ihm der Großvater aus Treskowitz helfen. Es war Herbst und er hatte sich zur Weinlese angemeldet, – denn dass seine Marie nun einen Weingarten besaß, gefiel ihm sehr. Doch der Großvater hatte sich immer gern auf die leichte Seite gestellt, ließ seine Frauen am Feld draußen schuften, während er auf der Ofenbank in der warmen Stube Bücher las und Honig naschte.

Mit willenloser Begeisterung stapfte er also auch in ihren Weingarten. Die goldene Traubenernte brachte zwar Freude, wohl aber einzig für ihn, da sie gleich in seinen Mund fiel, so hatte man wenig Freude daran. Einen großen Bogen schnitten sie vom Weinstock und hängten ihn, wie ein vom Sieg errungener Lorbeerkranz um den Hals ihres großen Helden, worauf er eingebildet durch die Ortschaften Darmitz und Iritz fuhr und dort seine Verwandten besuchte.

Es gibt Tage im Herbst an denen erstrahlt die Welt doppelt klar. Stieg man an solchen Tagen auf den Markusberg oder auf die umliegenden Anhebungen, hatte man eine wahre Freude daran. Noch hingen die letzten runden Trauben von Sonne und Wärme üppig versüßt und noch hatte die Reblaus nicht alles zuschanden gemacht. Birnen und Nüsse fielen von den Bäumen zu Boden, die Menschen sangen fröhlich zur Weinlese und alles matte Grün, hatte sich in eine goldgelb leuchtende Farbenpracht verwandelt. Mit der

Weinernte ging das Jahr für die Bauern zu Ende. Die Tage waren bedeutend kürzer geworden, das Wetter wohl aber klarer und frischer. Der Dunst des Frühjahrs und Sommers hatte sich in Wolken aufgelöst. Weiter sahen die Augen mit einem Male. Wolken verdüsterten den Himmel über Josef und zogen über das Land, so dass das Sonnenlicht über der Heimat gebrochen wurde. Josef stand an einem solchen wunderbaren Tag auf einer Anhebung vor dem erstaunten Blick. Über ihm Wolken und als in weitester Ferne die Sonne in ihrer ganzen Kraft des Herbstes hernieder strahlte, da überschaute man sogar von den sanftesten Höhen der Felder, Äcker und Waldungen bis zu den Gipfeln der Tatra, die kleinen Karpaten im Osten und bis ins Ungarische hinein.

Im Süden öffnete sich ein gewaltiger Blick, Hundertsiebzig Kilometer, gegen den Wind, hinter Wien, unendlich in der fernen Alpenwelt, zwischen Licht und Schatten, tauchte der Schneeberg und die Wand der Felsspitze Hohe Rax bei Mariazell empor. Das liegt schon an der Grenze zur Steiermark. Kräftiger, voller Kontraste in den leuchtenden Farben des Herbstes erschien, die sonst verborgene Ferne und doch könnte man meinen, dass die Welt enger zusammengerückt wäre. Wie ein Dank an den Schöpfer am ersten Tage der Erschaffung, schien die Welt wieder neu und doch verbunden mit dem Alten. Als das goldene Schimmern des Herbstes zu Ende ging, die dunkelste Zeit des Jahres hereinbrach, die bäuerliche Arbeit abgeschlossen, der Wein die Holzfässer füllte und das bunte nasse Laub sich allmählich schwarz verfärbte, war die Zeit der Ruhe eingekehrt. Jetzt konnte man auf die Arbeit des Jahres zurückschauen, in der gemütlichen Stube um den kuschelnd, warmen Ofen sitzen und seine Pfeife rauchen.

Am Tage schneiderte Josef hin und wieder. Die Frauen schlissen mühsam Federn. Den Abend verbrachte man gerne bei den Nachbarn, erzählte sich Geschichten oder stieg in den Weinkeller hinab und probierte den neuesten Jahrgang mit dem Weinheber. Die Kinder wurden größer und die Jahre vergingen. Im Wirtshaus, bekam man Neuigkeiten unterjubelt. Ein Bauer lief zu Josef und begann: „Heute bin ich bei Eurem Acker vorbeigegangen, Buben habe ich keinen gesehen, der war in der Furche drin, nur oben auf der Sterze zwei Kinderhanderln am Pflug, die haben schon geackert." Das war der Sepp sein Ältester, von den drei Buben, mit neun Jahren. Außerdem war der Sepp einer der besten Schüler. Wenn er aus der Schule kam packte er die Arbeit kräftig an. Welcher Vater wäre da nicht stolz gewesen?

Im Advent wirbelten dann wild und winterlich kalt die Schneeflocken zu Boden – und man sah aus dem Fenster. Damals gewiss noch eine echte Zeit der Stille. Am Abend verlas Josef bei den Anwesenden weihnachtliche Texte und am Morgen stand er meist schon in aller Herrgottsfrühe auf, schaute zum Fenster hinaus in eine neue verhangene Welt voll von weißem Schneezauber. Einen Meter hatte es geschneit und das war keine Seltenheit. Dann ging es hinaus zum Schnee schaufeln von Nachbar zu Nachbar bis zur Kirche. Schippten die Nachbarn auch schon fleißig, dann ging es lustig einher und die Schneeballen flogen sausend durch die Luft. Dann zogen viele Menschen, ganze Lichterketten vorbei zur Kirche. Jeder stapfte mit Laterne und Lichtlein knirschend durch den Schnee, in der tiefen Dunkelheit des angebrochenen Tages. In der Kirche um sechs Uhr, in der Frühe, da sangen sie laut, „rühmten Gott und priesen ihn für das, was sie gehört und gesehen hatten."(Lk2.20) Auf den Bänken leuchteten die Laternen, dazwischen das Magnifikat, die Menschen sangen mit lauter Stimme: „Maria sei gegrüßt und den Himmel des Gerechten." Und eine Weihnacht ohne Schnee, das kannte man erst gar nicht, das wäre ja wie eine Welt ohne Sonne. Die Geschenke waren damals klein, aber die Freude darüber, wenn man nichts hatte und eine Kleinigkeit hinzu bekam, die war sicher größer als von Menschen heutzutage, bei denen Überfluss herrscht und zu allem Überfluss noch mehr hinzukommt.

Der festliche Höhepunkt war um Mitternacht. Da gingen alle frohlockend mit einem kleinen strahlenden Lichtlein durch die kristallklare tiefverschneite Märchenpracht. Die Leute grüßten einander – himmlischer Friede von nah und fern und oben, im Himmelsdunkel, kamen die Sterne zum Vorschein. Es war wie ein seliger Traum, ein Gang zur Christmette in jener stillen Heiligen Nacht. Der Gutsherr kam mit Ross und Schlitten. Glöckchen rasselten fliegend vorbei. Die Dächer und die Bäume glitzerten. Alles war still verschneit, dann war alles eng beisammen und die goldenen Lieder schallten weit.

„Nun lasst uns freudig aufwärts schauen, denn die Liebe herrscht allein."

Es war in den Weihnachtstagen, Josef ging in die Kirche, kniete zwischen den Säulen unter der Empore nieder und meditierte der Stille lauschend. Zwei Frauen von draußen kamen herein, sie sahen ihn nicht. Arm waren Beide, die eine war Witwe und die andere Pferdewärterin. Dann schritten sie vor, der mächtige Stall mit dem aus Schilf gedecktem Dach und die großen Figuren darin, der hatte es ihnen angetan. Andächtig knieten sie nieder, betrachteten das Kind in der erbärmlichen Krippe. Auch Jesus wurde in Armut geboren worden. Da offenbarte sich eine innere Ergriffenheit. Ihre Herzen entflammten von einer unsagbaren Liebe, dass eine von ihnen das Jesuskind herausnahm, damit zum Altar losstürmte und es busselte wie wenn ihr das Herz vor Freude zerspringe, sie übergab es der Anderen, die liebte es auf die gleiche Weise und Beide waren sie glückselig.

Offen gegen Hitler

Josef und Maria besaßen damals weder Zeitung noch Radio. Trotzdem bekamen sie etwas von einer neu, im Deutschen Reich, auferstandenen Partei mit, welche gegen die Religion gerichtet war.

Den Hitler schätzte Josef von Anfang an richtig ein.

Im Frühjahr, den 12.3.1938 marschierten die Deutschen in Österreich ein. Die deutschsprachigen Gebiete nahm Hitler ohne weiteres, während bei den gemischtsprachigen Gebieten, eine Volksabstimmung stattfand. Das letztere trat bei den Südmährern im darauffolgenden Herbst ein. Hierbei erwies es sich als lauter Betrug und Schwindel. Angefangen hatte es als die Abstimmungserlaubnis zugeteilt wurde. Das Recht dazu erhielt nur sein Vater und Josef, seine Mutter nicht, denn sie war böhmisch und könnte ja dazu „nein" sagen und seine Schwester auch nicht, da ihr Mann Tscheche war. Gefragt wurden von dem gesamten Volk sowieso nur die Deutschen, welche nur 45% der Bevölkerung ausmachten. Sie mussten zur Abstimmung, entschlossen stimmte Josef gegen das Deutsche Reich. Anschließend überlegte der dafür zuständige Lehrer wie er Josefs Vater – in schlechter Absicht etwas konfus beeinflussen könne. So erzählte ihm sein Vater später:

„Als ich mit dem Auto abgeholt wurde, wusste ich nicht was sie zuerst von mir wollten. Ich bin hingekommen und der Lehrer fragte nur Schulz wie ist's? Jo...?

No jo, erklärte ich nur und der Lehrer hatte dann eine Freude daran gehabt und teilte sogleich seinem Kollegen mit, dass er ja gesagt hätte. Das war alles."

Nach zwei Tagen hing am Rathaus die Mitteilung aus, dass 98% der Abstimmungsberechtigten für das Deutsche Reich gestimmt hätten, dass nur Sieben dagegen stimmten, hörte Josef später vom Bürgermeister.

Das heißt, wenn man das berechnet, dass dreieinhalb Stimmen ein Prozent beträgt, wird deutlich wie wenige nur von den damals rund zweitausend Deutschen befragt wurden. Somit gehörten die Menschen, trotz Betrug, dem Großdeutschen Reich an. Das Protektorat für ganz Böhmen und Mähren und damit die völlige Zerschlagung der Tschechoslowakei wurde erst im Frühjahr 1939 durchgesetzt.

Eines Tages kam einmal der Schwiegervater zu Besuch, mit dem Josef über Hitler ausführlich zu sprechen begann. Er erzählte Josef seine neusten Kenntnisse und meinte:

„Weißt, was der will? Er versucht die alten untauglichen Leute aus der Familie zu holen und dann umzubringen." Josef waren ähnliche Fälle bekannt. Allein vom Ortsteil Böhmdorf mit einhundertfünfzig Hausnummern verschwanden sechs von den Kranken und Schwachen.

Als sie einmal zeitig vom Feld heimkehrten, erzählte ihm seine Frau, dass zwei Männer bei ihr waren um ihr eine Unterstützung für seine Eltern schmackhaft zu machen.

„Was hast du zu ihnen gesagt?"

„Hinausgejagt habe ich sie!" Das war gut. Erleichtert fiel ihm ein Stein vom Herzen. Hätte sie zugestimmt, wäre nämlich ein- oder zweimalig eine Unterstützung gekommen um daraufhin die Eltern einfach mit der Begründung, dass sie in einem Altersheim besser bedient wären, fortzubringen. Nach ein paar Tagen hätten sie dann sicher die Benachrichtigung erhalten: Plötzlich gestorben.

Ebenso hatte die Jagd auf Juden begonnen. Leider kannte man im Mißlitzer Ghetto alle Juden, so gab es keinerlei geheime Unterbringung. Es war grausam für uns zusehen zu müssen, wie Juden zwangsweise aus der Heimat gerissen wurden. So erinnerte sich Josef an eine alte Jüdin, die von SS-Soldaten misshandelt wurde, dass sie unter schluchzen weinte und stöhnte. Josefs Schwester Antonia sah das und weinte auch. Andere beobachteten dies und forderten sie auf:

„Geh weg, geh weg, denn wenn sie dich sehen hängen sie dir einen Zettel an, mit der Aufschrift: „Deutsches Schwein." Auch Josef kaufte regelmäßig bei einem Juden ein, hätten ihn die entsprechenden Menschen gesehen, wäre ihm ähnliches passiert. Besonders, in sein Herz geschlossen hatte er seinen jüdischen guten alten Zahnarzt Doktor Singer. Alle Juden würden auf Nimmerwiedersehen verschwinden und so würde auch er eines Tages fortkommen. Gewiss ein ehrlicher gutmütiger Mann, der stets eine Menge für seine Patienten übrig hatte. Doch dann geschah an einem Sonntagmorgen das Unglaubliche, als der Doktor in die Kirche schritt und kommunizierte. Wie es sich herausstellte, hatte er sich taufen lassen und zum katholischen Glauben bekannt. Die anderen Juden schaffte man bald fort und böse Gerüchte gingen umher.

Noch deutlich hörte Josef jene Worte des Pfarrers in seiner Predigt, von der Kanzel auf die Gemeinde herabdonnern, der betonend rief:

„Mord bleibt Mord und nur angefangen zu morden und der Mord wird kein Ende nehmen!" er wusste gut davon und es war doch keineswegs anders, da allein sechs Millionen Juden ermordet wurden. Josef war auch einmal bei einem Fassbinder, dieser hatte Lehrbuben und Gesellen, dazu noch eine Menge Weingärten. Irgendwie stießen sie im Dialog auf den Hitler und diskutierten zwei Stunden lang. Er vertrat den Führer, Josef war entschlossen gegen ihn. Im Anschluss meinte er etwas seriöser:

„Weißt was, ich müsste dich eigentlich anzeigen, aber ich mache es nicht.“

An einem Sonntag dröhnte das Radio in das Haus. Wie schon erwähnt, besaßen sie ja keines, aber dafür ihr schräg gegenüber wohnender Nachbar. Wegen der Ansprache von Hitler stellte er es am offenen Fenster raus. Da strömten ungefähr zehn oder fünfzehn Leute herbei und lauschten den Worten Hitlers. „Seit der Machtübernahme durch den Nationalsozialismus...... Sieg Heil, Sieg Heil, Sieg Heil,“ plärrte er.

Wütend sprang Josef auf, ging hinaus und schimpfte laut:

„Dies soll ein Staatsoberhaupt sein? Wie ein reisiger Hund schreit er rum!“ Maria kam heraus und stürmte auf ihn ein.

„Mann, du machst uns ja alle unglücklich,“ schimpfte sie und zerrte ihn wieder ins Haus. Erst als er in vollem Bewusstsein begriff, was ihm bevorstand, wenn ihn nur ein Einziger der Gestapo melden würde, fing er am ganzen Leib zu zittern an und betete. Dank Gottes ist ihm nichts geschehen und das war nicht nur einmal, wo er öffentlich über den Hitler schimpfte. Josef konnte sich beim besten Willen nicht zurückhalten. Anfangs verstand er nicht mal, dass es Leute geben konnte, die sich von dieser bedrohlichen Macht des Satans so leicht anstecken lassen konnten, aber viele tanzten eben heute wie damals mit der Masse und auch jene, die überzeugend gegen dieses verfluchte Regime waren, tanzten aus Lebensangst diesen Tanz mit dem Bösen. War ihnen etwas zuwider, schwiegen sie eisern. „Ja, der Schulz traut sich," raunten sie, aber selbst? Andere nahmen sich nur ein Wort dagegen heraus, wurden geschnappt und von der Gestapo eingesperrt, und Josef ist kein einziges Mal etwas geschehen.

Es war im Spätsommer, Josefs und Marias viertes Kind gebar. So geschah es, dass zu seinen drei Buben noch ein Mädchen, die Marie, das Licht der Welt erblickte. Oh, wie sich sein Vater mächtig an ihr erfreute und Josef dachte, so muss es wohl bei der Geschichte des alten Simeon im Tempel gewesen sein, „der Jesus kurz vor seinem Tode noch schauen durfte"(Lukas2.28). Genauso schaukelte der Vater das in Windeln gewickelte Kind in seinem Arm.

Fest schuf der Vater auch noch in seinen alten Tagen, band sich seinen blauen Arbeitsschurz um, nahm die Hacke und stapfte mit seinen neunundachtzig Jahren in den Obst- und Weingarten der Chepenau. Es war eine Freude für den Alten zu sehen, welch gutes Obst gewachsen war. Und da – überraschte ihn plötzlich ein Gewitter, dann strömte der Regen. Der Vater saß zusehend unter dem Baum. Seither rührte er das beste Fleisch nicht mehr an, aß nur wenig und die gebundenen Garben fielen, mit einer geringeren Mühe und Sorgfalt aus. Josef wusste nicht, was mit ihm war, dennoch half er aus urwüchsiger Kraft. Gerade luden sie den Rest schwerer Gerstengarbenbündel vom Acker auf das Fuhrwerk. Da zogen unheimliche Schatten auf und kündigten Landregen an.

„Schnell, bevor erste dicke Tropfen prasseln“, sagte der Vater. Ein Bund konnte Josef alleine nehmen, da packte der geschwächte alte Mann zwei Bund und setzte sie mit ungeheurer Wucht auf den Wagen. So geschah es, dass von ihnen, bevor der Regen niederging, rechtzeitig das Zeug noch heim gebracht werden konnte. Tage und Wochen vergingen – wie der Wind. Der alte Schulz stieß alles, außer der Suppe von sich. Noch fühlte er sich fest, denn sein Geschlecht war nicht aus Eisen, sondern Stahl und noch steckten unerschütterliche Kräfte in ihm, dass er zur Mutter sagte:

„Glaubst, ich hau dich selbst heute noch mit einer Hand auf die Erde.“ Welch Ur gesunde Natur war er bis zum Schluss. Aber sein Schicksal kam von Gott, so rührte er keine Suppe mehr an. Er lag ausgestreckt auf dem Sterbebett, der Pfarrer war sehr oft hier und spendete schließlich die letzte heilige Ölung. Als es mit ihm zu Ende ging, hob und senkte der Atem die Brust schwer. Die ganze Familie sammelte sich an jenem Tag um ihn und wollte im Gebet Abschied nehmen. Angezündete Kerzen erhellten unruhig flackernd die Stube. Zweimal holte der Sterbende tief Luft und hauchte sie ganz aus – dann entwich die Seele. Still ging der Vater ein zu seinen Vätern, dann lag er friedlich da. Sie sahen auf den Toten nieder, bekreuzigten sich, beteten und waren sehr traurig. Der Doktor schaute nach und ging, während die Nachbarn zum Gebet kamen.

Sechs Mann trugen den toten Bauer vom Haus in die Kirche und von dort zum Friedhof. Kaum war der alte Schulz zu Grabe getragen, fehlte er Josef überall. So hatte er von nun an noch mehr Arbeit und zu allem, vier Kinder.

Am ärgsten traf es wohl seine gute tschechische Mutter. Sie war alt und gebrechlich, machte sich aber im Haushalt nützlich so gut sie konnte und sorgte wie eine Vogelmutter. Sie fütterte die Jüngsten und kaute das Essen erst in ihrem Mund den Kindern weich, bis die es aßen. Jedes Jahr kochte seine Frau Powidl wie es eben bei ihnen Brauch war und das Mus musste ständig gerührt werden, um nicht anzubrennen. Einmal aber fiel es der Mutter ein:

„Kinder weg, die Großmutter wird rühren," rief sie. Da schwang sie ihre dürren Arme hoch und rührte ein paar Minuten lang, bis sie sich erschöpft niederließ und einsah, dass auch sie mittlerweile alt und gebrechlich geworden war. Über ihre Ordnung ließ sie trotz des Alters nichts kommen. Ging sie über den Hof und ein Strohhalm lag herum, dann stocherte sie, solange mit ihrem Stecken herum bis es auf dem Mist landete.

Einmal saß Josef mit Herrn Hindelang am Hof, die altersgekrümmte Mutter sah verstohlen zu ihnen und sein Gast begrüßte sie grinsend:

„Setz nieder Babingo (Großmütterchen)." Da zog sie die Brauen hernieder, runzelte die Stirn zutiefst verärgert und presste die Lippen fest aneinander. Welch ein unvergessener Blick! Sie wusste wohl, dass sie bereits Großmutter war, aber ein verhätscheltes Großmütterchen, das passte ihr nicht.

Tagein tagaus war die Arbeit auf den Äckern groß. Die Rüben mussten gehackt werden, Die drei Buben, der Sepp, der Johann und der Alois seine Frau Maria und Josef waren damit beschäftigt. Am Himmel hatten sich Wolkentürme wie ein Schneegebirge aufgebaut, die Wolken jagten über die Felder. Schneller ging die Hacke. Aus leichtem Wind fegten gewaltige Böen über die Hügel, bis der Himmel das Land schwer und trüb verdunkelte. Die Sonne kam nicht mehr durch. Brausende Windstöße wirbelten den Staub auf. Die Leute auf den Äckern warfen die Arbeit nieder und rannten heimwärts:

„Geschwind, einspannen, fahren wir heim, Mutter, Buben, alle auf den Wagen.“ Schon flogen schwere Graupeln auf die Erde. Ein Blitz zuckte über Mißlitz nieder. Der Donner krachte endlos. Decken hatten sie zum Glück genügend dabei. Schnell zog Josef sie seinen Buben über. Hüh hott, die Peitsche knallte auf die Kuh hernieder. Unaufhaltsam schlug schwerer Hagel auf die Köpfe. Vom Dorfe klangen die Wetterglocken, der Sturm peitschte um die Ohren und in den starken Kronen der Bäume krachte es wie morsches Geäst. Umgestürzte Bäume versperrten ihnen immer wieder den Weg, sodass ständig neue Wege gebahnt werden mussten . Als sie das Dorf erreichten, sausten ihnen schon von weiten ständig, heruntergerissene Dachziegeln entgegen, andere lagen zertrümmert auf der Straße. Sie fuhren direkt ins Gewitter. Schwere Schläge klatschten gegen den Kopf.

„Um Himmelswillen, wie kommen wir nur heim?“ Die Decken, die nur die leichtesten Schläge wie ein Polster abfingen waren durchnässt. Na, denn, Hände auf den Kopf und in Gottes Namen durch. Grelle Blitze beleuchteten das schaurige Bild. Mühsam kämpften sie sich durch, bis sie heil und triefend im Trockenen standen. Die Überraschung erwartete sie im Garten, denn hier wütete es am ärgsten. Die Aprikosenbäumchen waren von der Last des Hagels zusammengebrochen, die Blätter, der Pflanzen durchlöchert. Am Schuppen hatten sich kniehoch Eisbollen in der Größe von Taubeneiern aufgetürmt. Und das Schlimmste – der Weinkeller im Garten war vollkommen zusammengestürzt. Der kleine Dorfteich unterhalb des Hauses hatte sich zu einem großen See verwandelt. Das Gewitter klang jetzt ferner. Draußen hatte das Prasseln nachgelassen, der Wind sang im letzten Brausen, in hellen Tönen, schwoll und verebbte über jenem entstandenen See bis Ruhe und Schweigen das Unheil beendeten.

Im Sommer war häufig mit großen Unwettern zu rechnen. So erzählten sich die Leute, dass einem Bauer am Feld die Rosse samt der Mähmaschine vorzeitig davon gerannt wären und dies in rasender Fahrt unaufhaltsam auf der Flucht vor Blitz, Donner und Hagelschlag stoben sie hoch auf und stürzten mitsamt den Wagenrädern in ein zehn, bis fünfzehn Meter tiefes Sandloch, dass alles im Schlamm verschwand. Als sie später gefunden wurden, da regte sich nichts mehr.

Und ein anderer Mann war am Feld, konnte sich nicht retten und kam heim, man fragte ihn:

„Mit wem hast gerauft?“

„Warum?“

„Du bist doch ganz blau im Gesicht,“ aber es waren schwere Hagelschläge.

Unheil verwüstete das Land. Mit Donnerstimmen und Hagelschlägen sprach der Herr zum Menschen wie eine Mahnung. Denn es gab ja viele zu jener Zeit, die ihren Herrgott verleugneten, ihr Kruzifix abhängten und anstelle des Gekreuzigten ein Bild des Führers aufhängten. Die unaufhaltsame Begeisterung jener Massenbewegungen, des Nationalsozialismus verwirrte viele. Auch weitläufige Nachbarn hatten sich in den Bann von Begeisterung vom herkömmlichen abgewendet und die Gefahr, aus ehemaligen Freunden könnten gefährliche Feinde werden, bedrückte wie ein Schleier von Traurigkeit.

Da begegnete Josef, wie an jedem Tag einem Nachbar, den er fröhlich grüßte: „Guten Morgen“ und dieser kämpfte auf einmal vom Regime überzeugt, die Hand hebend „Heil Hitler“ und verlangte von Josef den gestörten Gruß auf die selbe Weise ordnungsgemäß zu erwidern. Es wäre Josef überhaupt nicht eingefallen einer bösen Macht auch nur ein einziges Mal „Heil“ zuzusprechen, allein vom Kreuz kommt heil und ruft das ganze Volk nach dem Bösen, so wird die Liebe letztlich doch siegen. Welch ein Segen für jene, die gerade in der von Unruhe, bewegten Welt den klaren Verstand bewahrten.

Im Nachhinein musste Josef feststellen, dass diejenigen, die als erstes bei den Nationalsozialisten waren, nach dem Ende des Dritten Reiches auch zu jenen Ersten gehörten, die sich zu den kommunistischen Tschechen bekannten und das Deutschtum verleugneten.

In die SS-Kommandos, man nannte sie Meidenburg kamen siebzehnjährige Mädchen, Burschen waren auch da. Der Mann von der SS, so hörte Josef, hatte für das Mädchen zwei junge Soldaten zur Auswahl und sagte:

„Kannst dir nehmen, wen du willst, den Blonden oder Schwarzen. In einem Jahr, dass ein Bub da ist.“ So und anders diente die Jugend dem Hitler, deshalb war Josef doch mächtig stolz, dass seine Söhne noch im Kindesalter schon entschieden gegen die HJ (Hitlerjugend) kämpften. Sie schlossen sich mit den Tschechen zusammen, schleuderten, wenn es darauf ankam sogar Steine gegen die HJ, sorgten für Widerstand und waren nicht im Hort dabei.

Fernab tobte bereits der 2.Weltkrieg, die Burschen aus dem Dorf waren eingezogen, die gute Zeit dahin und es waren wohl viele eifrige Dummköpfe dabei, die alles daran setzten, um der Ideologie des Führers zu entsprechen. Das heidnische Hakenkreuz, sowie das nationalbewusste Denken hatte einen neuen Stellenwert zwischen den Tschechen und Deutschen bekommen. Menschen, die seit undenklichen Generationen das Zusammenleben in Frieden gemeistert hatten unterschieden sich in der Ideologie auf einmal von Volk und Rasse. Ein Mißlitzer, der sich, in dieser Zeit des neuen Regime, einen für uns gefürchteten Namen gemacht hatte, war der mit Orden und Abzeichen gekrönte Schartel. Ein begeisterter Hitleraner, der sich bei der SA verdient gemacht hatte, viele ins Unglück stürzte und selbst am Kriegsende von den verbitterten Tschechen, totgeschlagen wurde.

Hatte es nicht seit undenklichen Zeiten während des Krieges die gleichen Bedingungen gegeben an denen die Bauern zu leiden hatten? Im Krieg zu schlachten, war nicht ganz einfach, denn dazu brauchte jeder von der Verwaltung eine Genehmigung und die Ausstellung des Antrags richtete sich nach der Anzahl der Tiere und war mit der Knappheit des Überleben bemessen. Ohne diesen Nachweis wäre es als „schwarz schlachten" aufgefasst worden. Die Folgen wären mit Konzentrationslager bestraft worden. Zur pflichtgemäßen Vorschrift dieses großen bäuerlichen Ereignisses galt nach der Genehmigung das Anbringen der Beflaggung mit dem Hakenkreuz, ganz oben am Dach, als ob er ein renommierter Patriot Hitlers wäre. Das passte ihm überhaupt nicht ins Prinzip, darum hängte Josef die Fahne in einen seiner Birnbäume, in dessen Nähe er arbeitete.

Gewiss hatte ihn jemand verraten, der Schartel tauchte plötzlich in der Straße auf, streifte gegenüber stimulierend entlang, drehte sich scharf links und schritt geradeaus auf Josef zu. Erschrocken und verwirrt stand Josef vor dem Nazi.

„Wo ist die Fahne?“ Josef zeigte mit dem Finger auf den Baum, der Schartel schaute, winkte ab und sagte: „Das ist so armselig!“ Dann verschwand er. Was er nun dem Bürgermeister weitergeben würde, das wusste Josef zu dieser Stunde noch nicht. Die Ungewissheit war furchtbar und wenn der treue Narr noch so viele verraten hatte, so ließ er Josef Gott sei Dank in Ruhe und erzählte wohl dem Bürgermeister, dass er nichts gesehen habe.

Das schwarz schlachten riskierte Josef von da an ganz, obwohl es immer wieder Viehzählungen gab.

Regelmäßig gewährte er ihrem Schwein freien Lauf und beobachtete wie es beim Futter einfüllen in den Trog zurück geschlendert kam. Machten sie das Tor zur Freiheit weit auf kam es immer gleich hinaus, nur am vorgesehenen Tag zum Schlachten als Josef hinter der Tür mit umgekehrter Axt und erhobenen Händen bereit stand um den vernichtenden dumpfen Schlag auszuführen, witterte das Tier etwas von dieser tödlichen Gefahr. Eine Zeit kurzen Zögerns verging und da – das prächtige Schwein kam in seinem ganzen alten Schwung hinausgeschossen. Rasend fiel die Axt wie eine Keule nieder und sollte eigentlich den Schweinekopf betäuben, traf aber in der ungewohnten Schnelle des Tieres den Rücken. Welch Ärger nur, dass sie keinen Schussapparat besaßen. Jetzt schrie das Tier bei quicklebendigem Leibe unerbittlich und lief über den ganzen Hof, dass es weit in den Straßen widerhallte. Die Aufmerksamkeit der Leute war also für diesen Tag geweckt, so schlachteten sie das Tier anderntags. Deutlich fiel Josef beim Zerlegen der blutunterlaufene Fleck zwischen den Rippen auf, der noch vom Axthieb rührte. Als die Arbeiten abgeschlossen waren luden sie die Hälfte des Fleisches auf den Leiterwagen und versteckten es unter einem riesigen Berg von Stroh, spannten ein und wollten damit zu seinem Schwager aufbrechen. Gerade fuhr er den Hof hinaus, da umringten sie ihn. Josef war auf frischer Tat ertappt. Wie Rebellen fielen Hunde über ihn her, sprangen von allen Seiten an den Wagen und rochen mit ihrer feinen Spürnase das frische Fleisch. Zum Teufel mit der hungrigen Meute dachte er. Die Hunde bellten und bleckten wütend ihre Zähne. Nur schnell weg, schoss es Josef durch den Kopf, bevor die Nachbarn auch noch von allen Seiten großes Aufsehen erweckten. Die Hunde aber hatten keine Ruhe, drum schlug er wild mit der Peitsche drein bis ihre - fleischsüchtigen Mäuler mit den gefletschten Zähnen endlich den Kampf gegen den Stärkeren verloren hatten. Siegessicher brachte er die schwer umkämpfte Beute dann doch durch das Tal auf die andere Seite von Mißlitz zu den Hängen des Markusberges, wo der Schwager das Fleisch dankbar entgegennahm.

Das, was Josefs individueller Verstand bewusst tat, traute sich sonst niemand. Einmal mussten alle deutschen einsatzfähigen Männer nach Mährisch Kromau. Auf einem öffentlichen Platz fand die Versammlung statt, bei der eine Einteilung zur täglichen Wachbereitschaft vorgenommen wurde. Ein Wehrmachtsoffizier brüllte hitlergetreu durch das Mikrofon. Sehr gut kann sich Josef heute noch erinnern wie sie dann alle solidarisch aufgefordert wurden einen

Volksschwur für den Hitler abzulegen. Durch den Lautsprecher hallte es: „Hand heben, schwören! Jetzt jeder.“

„Ich schwöre......!“ Weil Josef den Hitler von Anfang an als zynisch verabscheute, ignorierte er leichtsinnigen Verstandes die möglichen Folgen seines damaligen Handelns. Aus seiner tiefen Überzeugung erwiderte er laut und zugleich mit den anderen, welche dem Hitler ihre Treue und Beistand schwörten, wortwörtlich:

„Leck mich am Oarsch“ und mit Absicht hatte er besonders laut geredet, damit die Leute hörten, dass er dem Hitler nicht geschworen hatte. Aufgebracht drehte sich plötzlich einer in der Reihe vor ihm, in dem Wirrwarr der Menschenmenge um, sah ihm in sein erschrockenes Gesicht und fuhr ihn an. Eiskalt lief es Josef den Buckel herunter.

„Bist still! Wenn dich einer hört bist im Moment erledigt.“ An seiner Uniform erkannte Josef, dass es wahrscheinlich ein Offizier gewesen sein musste. Fast skrupulös stieg die Erkenntnis puren Leichtsinns in ihm auf als er nachdachte. Ein Offizier, der so gutmütig war und sich nicht seiner Pflicht unterwarf. Hätte er ihn verraten, wäre er sicher vor allen ohne Widerstand entweder gleich erschossen oder erst verhaftet worden. Zurückgelassen hätte Josef seine ganze Familie, Frau und vier Kinder. Noch immer zitternd vor Angst kehrte er Gott dankend heimwärts. Daheim erzählte er den Vorfall seiner Frau, die schimpfte:

„Oh je, Mann du machst uns ja noch alle unglücklich. Was hätte ich gemacht, wenn du nicht mehr heimgekom-

en wärst?“ Was wäre dieser Welt an Leid, Angst und Tod erspart geblieben, wenn jene Macht des Bösen die Welt nicht belastet hätte. Josefs Schwager, der Johann Springer, geriet einmal in die Finger der Gestapo und das war so: Er war Vorarbeiter in der Marmeladenfabrik Mißlitz mit sehr großer Verantwortung.

Da sprangen einmal in der Fabrik ein paar Dosen auf und das prangerte man ihm sogleich als Sabotage an. Jemand erstattete Anzeige und schon brachte den Johann Springer die Gestapo fort. SS Männer schlugen ihn jeden Morgen in den Magen hinein und verpassten ihm einen gewaltigen Kinnhaken, dass er aufschrie vor Schmerz und tödlichem Entsetzen. Mit Gewalt versuchte man ihm ein falsches Geständnis aufzuerlegen. Später musste Josefs Schwager an einer glatten Mauer hinaufklettern, da wäre er sein Lebtag nicht hinaufgekommen. Sie hetzten ihm bissige Hunde nach und missbrauchten ihn auf ihre Weise. Bevor er einen Monat später entlassen wurde, verlangte man von ihm alles Vorgefallene zu verleugnen und ein Schreiben zu signieren, dass es ihm wohlergangen sei. So war auch seine Angst beim erzählen begründet, weil er es niemanden zu jener Zeit weiter erzählen durfte.

Volkssturm

Alle Männer mussten zur Einberufung ans Rathaus. Offensichtlich hatte hier ein Raub von ihren öffentlichen Akten stattgefunden. Später erfuhren sie, dass sie von einem Kommissar gestohlen wurden. Natürlich brauchten die Zuständigen erst mal einen Sündenbock, da war, wie so häufig in der NS-Zeit der Jude der Richtige. Zynisch hackten sie auf den Unschuldigen los:

„Der Jude, der miserable hat es versteckt!“ Wo sollten jetzt nur die Namenslisten her? Irgendwann gruben sie schließlich doch die Listen aus und legten das Papier dem tschechischen Verwalter vor, der einzeln die Namen vorlas und sortierte. Josef wurde zur Assentierung mit zwanzigjährigen Burschen nach Znaim einberufen.

Jeder hätte sich am liebsten gedrückt. Aus Treskowitz erfuhr er aber, dass dort keiner der heimischen Bauern, die mitten im Leben standen und das fünfzigste Lebensjahr abgeschlossen hatten, wie er, zum Volkssturm eingerückt wäre. Josef erzählte es den anderen, kein einziger der älteren Bauern hätte den Mut aufgebracht, den Nazis über diese Unzumutbarkeit zu berichten. Das war auch der Grund weshalb Josef allein und kurz entschlossen voller Wut das nächste NS-Kommando aufsuchte um sich gerade bei diesen Funktionären ordentlich zu beschweren.

„Ihr solltet zuerst beim Volkssturm sein,“ fuhr Josef sie nachdem alles vergebens war, stark an. Der NS-Mann sagte noch, dass es ihm einen Dreck angeht und so blieb Josef nichts anderes übrig, als sich am Tage der Einberufung, wie alle anderen von der Familie zu trennen.

Am Rathaus überprüfte ein Nazi besonders seine Anwesenheit. Dann brachten sie alle mit dem Lastauto fort. Unterwegs schrie Josef laut zu den anderen: „Dort steht der Wald, dahinter liegen Hügel, der Chepenau und dazwischen habe ich einen großen Acker und wo bringen die uns hin? Gewinnt euren Krieg selber, wir wollen heim!"

In Znaim versuchte ihn ein Offizier zu mustern und meinte 1A.

„Was wollt Ihr nur bei mir altem Mann mit 1a?"

„Na, Sie können doch Gefangene bewachen!"

Josef erklärte: „1A verstehe ich anders."

Dann mussten sie einrücken. Angefangen hatte es mit einer Übung in wildem Militärgelände. Die erste Anweisung bestand unter der Annahme, einen Verwundeten mit der Trage zu retten. So rannten alle los, da rief einer: „Maschinengewehr von rechts", daraufhin sprangen sie in den Graben.

„Das ist falsch, Ihr springt in den Graben rein und den Verwundeten lasst Ihr oben?" Eilend sprangen sie aus dem Graben, legten das Opfer auf die Trage und brachten es in Sicherheit. Zur Labung nahm Josef heimlich sein Slibowitz Schnaps aus der Tasche um diesen dem Patienten einzuflößen, der krächzte und stöhnte danach nur so, dass die Versammelten lachten.

In der Schule war ihr Quartier. Den Kommandanten ein Mißlitzer hatte Josef längst erkannt. Laut und gespannt meinte er zu ihm:

„Schatel, ich will in die Kirche gehen!"

„Jo, jo, konnst gehn.“ In dem lärmenden Getöse verstanden ihn nur wenige, diejenigen, die es hörten meldeten sich ebenfalls einer nach dem anderen beim Schatel ab. Am Schluss waren sie acht Mann. Sicher wären alle zwanzig gegangen, hätten sie es gehört. Man musste eben nur den Mut dazu aufbringen. Später durfte Josef sogar dreimal für wenige Tage in Heimaturlaub. Dann kam er zum Sanitätsdienst. Wohl mochte es hier recht ungefährlich zugehen, was nur Vorteile brachte, aber seiner Unerfahrenheit nicht förderlich war. Sicher wussten seine drei gut im Krankenhaus ausgebildeten Sanitäter Kollegen, dass er nicht vom Fach war, nicht aber, dass ihm alles so fremd schien. Dennoch versuchte er kraftvoll mit Mühe und Anstrengung die Aufgaben zu bewältigen und seine erste Zuteilung sollte den Massier-Bedürftigen gewidmet werden, was Josef recht freudig und schwungvoll in die Hand nahm. Dies war eine angenehme Arbeit, denn man sah im Lazarett nebenan viel Kriegselend. Die meisten Verwundeten ertrugen große Schmerzen und benötigten den richtigen Umgang mit einer sorgsamen Pflege. Da war er doch froh, dass ihm das Ansehen der Qual erspart blieb. Josef sollte marschmarotte Soldaten oder jene die Kriegsentschuldigungen suchten, massieren. Und er begann seine Hände nicht nur sanft und zurückhaltend über den Rücken der Soldaten gleiten zu lassen, sondern setzte die Hände schwungvoll und gleichmäßig an Haut und Knochen an, ließ sie in festem Stil formen und walten bis die Leiber derart durchgeknetet waren, dass die Soldaten nur so stöhnten.

„Au, auu, auu,“ schrak der Neue ängstlich zusammen und Josef gab ihm zu wissen: „I bin a Bauer und hab a schwere Hand.“ Wichtig war nur, dass sie rasch gesund wurden.

Als die lockere Zeit für ihn beendet war, kommandierte man ihn zunächst in die Nähe Preßburgs, dort bezogen sie in den kalten Wänden des Schlosses Fürst Liechtenstein Quartier. Russen und Deutsche standen sich hier in geringer Entfernung Gegenüber. Interessiert schaute er den Angriffen aus Deutscher Artillerie zu. Den ganzen Tag feuerten deutsche Soldaten aus allen Rohren. Plötzlich stieg ein dröhnender Flieger von der russischen Seite empor, sofort setzte eine Feuerpause ein. Aus Vogelperspektive; betrachteten nun die beiden Russen das zu ihren Füßen liegende feindliche Land. Weit lehnte der Mitflieger seinen Kopf hinaus, denn er suchte die Artillerie. Tiefer kreisten die Beiden über ihm. Mit Leichtigkeit hätte man sie herunter schießen können. Doch die Stellung erwies sich als allerbeste Tarnung in einer altersgrau verwitterten Bretterbude zwischen den Bäumen des mächtigen Schlossparks. Als der aufdringliche Flieger verschwand schlug es provokativ bei den Russen ein. Verzweifelt kam der Pilot dann zurück und begann genauer hinzuschauen, wohl aber erneut vergebens. Dieses Schauspiel wiederholte sich den ganzen Tag über.

Rabensburg an der Thaya, so hieß die Stadt in der man Josef noch einmal zur Front rief. Die Thaya, ein relativ schmaler idyllischer Fluss, bildete die Front zwischen Deutschen und Russen. Noch verband eine Brücke beide Welten und in Ufernähe zwischen Bäumen und Gestrüpp verborgen konnte er das Reden der Russen wahrnehmen. Da packte ihn die Neugier. Josef wollte seine Russischkenntnisse testen als er seinem Kameraden winkte. Vorsichtig schlichen sie dem Ufer näher, – das Wasser strömte gleichmäßig, doch etwas musste beide verraten haben. Drüben hatte jemand die Aufmerksamkeit geweckt. Kugelserien zischten vorbei, hastig warf sich Josef auf den Boden, spähte zu seinem Kameraden, der ihn verwundert musterte. In Zeichensprache musste Josef ihm den Vorgang klarmachen, da sein Kamerad bereits festgestellt hatte, wie taub er auf beiden Ohren geworden war. Am Boden kriechend kamen sie aber trotzdem wohlbehalten in die Stellung zurück. Diese hielten sie dann zu viert, mit noch einem Mißlitzer und zwei Rabensburger besetzt.

Tage später stapfte die gesamte Truppe in die Nacht hinaus. Wie ein Gerücht verbreitete sich die Nachricht, dass die Thayabrücke sehr bald gesprengt werden sollte. Auf der Lichtung einer Wegekreuzung teilte man je zwei und zwei etappenweise auf.

„Wer geht zur Thayabrücke?“ Niemand meldete sich, denn jeder rechnete mit einer stürmischen Offensive der Russen und das damit verbundene schnelle Ende in Gefangenschaft oder Tod. Da Josef mit seinem Kameraden zuvor in einer Stellung eingesetzt war, fiel der Blick des Kommandanten auf sie. Beide hatten keine Wahl und liefen los. Ungefähr Zweihundertfünfzig Meter vor der Flussströmung knatterte plötzlich in unmittelbarer Nähe ein Maschinengewehr. Ob es sich um ein russisches oder ein eigenes Geschütz handelte, konnte in diesem Augenblick ja niemand sagen. Josef rief aufgeregt zu den anderen: „Zeit ist, rennen wir!“ Blitzschnell setzten sie ihre Beine in Bewegung. Unterdessen verstummte das MG-Feuer, synchron blieben sie stehen und hörten die Pfeife ihres empörten Kommandanten, der sich wahrscheinlich schon bei der Brücke befand.

„Ah, wir gehen doch nimmer zurück,“ bestärkten sie sich einander. Der andere Mißlitzer und Josef beschlossen noch in der gleichen Nacht von hier zu verschwinden und nach Hause zu laufen. Daheim könnte man sich verstecken bis das vermutlich schnelle Ende des Krieges käme. Schauerlich ragten die vom Mondlicht schwach umleuchteten Umrisse der Bäume ins Himmeldunkel. Sie stapften schließlich auf eine Lichtung zu, Angst und Schrecken durchzuckten Josef. So weit das Auge reichte; wie vom Rande des Erdenrundes schlugen Feuerflammen in den Himmel empor und vereinigten sich zu Rauchwolken. Erschrocken sah Josef auf die Umgebung nieder und musste feststellen, dass es im ganzen Umkreis brannte.

„Am Ende rennen wir den Russen noch in die Arme. Was sollen wir machen?“

„Zur Brücke gehen wir nicht mehr.“ Die Brücke sprengte man allerdings tatsächlich noch in der gleichen Nacht.

„Wo gehen wir hin,“ fragte Josef. Sein Mißlitzer Kamerad sagte: „Am besten in die Schule.“ Dort versicherte man ihnen, dass die Brücke noch existiere.

Die Müdigkeit kam so gnadenlos als gäbe es kein Entrinnen mehr, wie wenn ein einschläferndes Tier gegen den ewigen Schlaf ankämpft. Aus welch angenehmer Stille schreckte ihn eine schrille Stimme mit seinem Namen auf und schleuderte ihn aus dem Schlaf reißend in die Realität zurück. Mit welch Unerbittlichkeit schlug der Befehl: „Mitkommen“, an sein Ohr. Eine unwohle Vorahnung beklemmte ihn als man ihnen zu viert die Tür wies, – hinter der im kalten Raum Offiziere, der Bürgermeister und der Oberlehrer wie Herrscher zwischen Leben und Tod warteten. Schon saßen sie ihnen gegenüber, einer von ihnen schilderte kurz den Vorfall, dann hatte der Bürgermeister das Wort:

„Ihr seid davon gerannt?“

„Ja“.

„Abführen, einsperren! Geht aufs Divisionskommando und das weitere werdet Ihr sehen.“

Josef zweifelte nicht mehr daran, dass sie alle erschossen würden. Man führte sie ab und sperrte jeden einzelnen in eine Zelle. Voller Inbrunst warf sich Josef die ganze Nacht ins Gebet. Bilder, Gedanken, tauchten fern aus dem ersten Weltkrieg auf und zeigten ihm den tödlichen Schuss und den zusammenklappenden Leib des Soldaten aus der Bukowina. Er versuchte das zu verdrängen, dennoch graute ihm, wenn er an das Schicksal seiner Familie dachte. Ganz kaltblütig und tollkühn würden sie an eine Wand gestellt und auf Kommando niedergeschossen werden. Was sollte er machen? Zum Ausbrechen ergab sich keine Chance, die einzige Möglichkeit, die sich bot, bestand daraus, sich zu rechtfertigen. Zwei Tage lang saß er hier eingesperrt. In der darauffolgenden Nacht brachte ihn ein Soldat zu den übrigen Kameraden. Jeden baten sie um eine Erklärung des Vorfalls.

Der Erste... Schulter zucken, der Zweite... ebenso, der Dritte das Gleiche, der Vierte, das war Josef und er sagte:

„Es ist der Ruf erfolgt, Zeit ist, rennen wir, und wir haben dies für einen Befehl gehalten.“ Das er das gerufen hatte verriet er nicht.

„Also, die Sache war schon am Divisionskommando. Nachdem, das lauter ältere Herren sind, die ihre Handlungsweise nicht mehr ermessen können, wird von einer Strafe abgesehen.“ Nach diesem Freispruch konnte Josef seinen sentimentalen Jubeldrang nicht länger zurückhalten. Er dankte Gott für den Reichtum seiner Gnade, dass er sein

Gebet erhört hatte und mit seinem schützenden Segen bei ihm war.

Zwei Tage lang hatte Josef dann die Aufgabe das Schulgebäude zu bewachen, bis ihm jemand ein Schreiben mit der Befreiungsnachricht in die Hand drückte, worauf schwarz auf weiß stand, dass alle ihre Aufgabe erfüllt hätten und nun nach Znaim zurück sollten. Er schaute aus seiner Stellung auf und sah zu seinem Erstaunen die Gruppe langsam verschwinden. Jubelnd ließ er seine ganze Ausrüstung stehen und versuchte den letzten Anschluss nicht zu verpassen. Ein Stück gingen sie am Waldrand den Hang entlang, setzten sich auf der Anhöhe nieder und beratschlagten was jetzt zu tun wäre, jeder kam mit einer anderen Idee. Das Abhauen wollte Josef auf keinen Fall nochmals riskieren. Einige Zeit dauerte es schon, dann verschwand jeder einzeln. Ratlos saß er schließlich alleine da. Unten auf der Straße marschierten drei Soldaten und ein Offizier vorbei. So sprang er zum Offizier hinunter und erzählte ihm, dass er ein Versprengter sei.

„Das geht mich nichts an, ich bin ein slowakischer Offizier," Er empfahl ihm aber, sich im ersten Haus der nächsten Ortschaft zu melden. Josef befolgte seinen Rat, ging in das Haus, fand aber keinen Offizier. Es gab aber dafür eine Küche, zu essen und jede Menge zu trinken. Den Wein tranken sie literweise aus Eimern. Es war eine Weingegend. Josef stärkte sich, stillte seinen Hunger und Durst und zog sich dann zum Mittagsschlaf ins Stroh zurück. Der Offizier, hieß es, käme erst morgen. Eine Weile kehrte Ruhe ein, dann rumpelte draußen ein groteskes Wagengeräusch vorbei. Neugierig sprang er auf, schaute zum Fenster hinaus und sah den Oberlehrer vorbei kutschieren. Turbulent packte Josef sein Bündel, schnellte zur Tür und versuchte den Bauernwagen einzuholen. Das Dorf war lang und erst am letzten Haus blieb er stehen. Dort verbrachte er dann die Nacht und am nächsten Morgen gab ihm der Oberlehrer dann zu seiner Sicherheit nochmals schriftlich die Bestätigung, dass seine Aufgabe hier erfüllt wäre und forderte ihn zugleich auf, nach Znaim zurückzufahren. Josef schlenderte zum Bahnhof, stieg in den nächsten Zug und fuhr bis Nikolsburg. Unterwegs beschäftigte ihn das absehbare Kriegsende, die Heimat und der sinnlose Widerstand, dass er sich einen plausiblen Plan zur Flucht nach Hause ausdachte. Im gemütlichen Weinort Nikolsburg hatte der Zug bis zum späten Abend Aufenthalt, deshalb wollte er das nächstgelegene Wirtshaus aufsuchen, um einen guten Wein zu trinken. Stattdessen tauchte am Straßenrand ein begehrter Weinhandel auf. Hier drängten sich die Menschen und kosteten alle möglichen Weinsorten um schließlich den Besten zu kaufen. Der Wein stand im Überfluss im Keller. Dort waren alle betrunken. Josef probierte und kaufte auch zwei Flaschen.

In der Nacht saß er dann im Zug Nikolsburg - Znaim. Aber Gruschbach lag genau dazwischen und von hier aus konnte man auf kürzestem Wege Mißlitz erreichen. Der Zug hielt an. Josef stieg aus und der Eisenbahner stand vor ihm.

„Ich habe es ja nicht weit heim, komme frisch von der Front und werde mir doch erlauben nach meiner Familie zu schauen," rechtfertigte sich Josef. Im gleichen Augenblick packte ihn jemand mit festem Griff von hinten an der Schulter und meinte im eiskalten Dialekt:

„Geh hoam und krall der Mutter unter die Röck dass dich koaner siacht.“ Verwundert blickte Josef ihn an und stellte fest, dass dies ein grinsender Gendarm aussprach.

Josef verließ unscheinbar die Stadt und wanderte im schauerlichen Dunkel der Nacht, auf endlos weiten Pfaden durch Wald und Feld bis nach Mißlitz. Die Hauptstraßen waren militärisch bewacht, darum schlich Josef über die Äcker bis zum Ortsteil Böhmdorf und bewegte sich vorsichtig von der hinteren Gasse bis zu seiner Gartenmauer. Sorgsam und lautlos kletterte er darüber. Der Wind blies leicht durch die offenstehende Tür, er trat ungehindert in die Stube und begrüßte seine freudestrahlende Frau direkt am Bett. Erfreut nahm sie ihn in die Arme und sagte mit besorgter Stimme:

„Gut, dass du da bist.“ Sie zählte auf, wer schon alles davon gerannt sei und sie stellten fest, dass selbst begeisterte Nationalsozialisten darunter waren. Aber die Freude über seine gesunde Rückkehr beruhigte sie sehr. Die Kinder freuten sich ebenso, wie die Mutter, dass er wieder hier war.

Invasion

Die darauffolgenden Tage waren die Bitttage. Tagelang flogen russische Einheiten in Scharen zu Hunderten über Mißlitz gegen Wien, wo die Hauptoffensive stattfand. Manchmal vernahm man auch in der Ferne Bombenabwürfe.

Josef scheute den täglichen Gang zur Kirche nicht und schloss alle im Gebet ein. Welch Kraft und Stärke lag doch darin. Wie arm waren doch jene Menschen, welche man wie ein Spielball zwischen der Macht des Bösen einsetzte.

Am 5. Mai 1945 zog sich die Deutsche Besatzungsmacht mit einem lauten Schwall von Gesang aus Mißlitz zurück. Sie sangen: „Auf Kreta in Sturm und in Regen.“ dass sie bei ihrem widerstandslosen Rückzug überhaupt noch sangen, verwunderte die Mißlitzer sehr.

Am 6. Mai 1945 fand wie gewöhnlich eine heilige Frühmesse um sieben Uhr statt, der Josef wie an jedem dieser Tage beiwohnte. Ganz plötzlich hörten sie herunter sausende Bombenabwurfgeräusche, zwei Sekunden später folgte dann die Explosion, welche selbst in der stark gebauten Kirche die Wände erzittern ließ. Die Russen hatten die Front durchbrochen und begannen mit der Invasion.

Dann dröhnte das unablässige Brummen ganzer Geschwader in das Kirchenschiff. Der Pfarrer brach die Messe plötzlich ab und erklärte:

„Geht hinaus, ich kann keine Verantwortung übernehmen.“ So strömten sie alle ins Freie und rannten heimwärts, denn das war erst der Anfang. Erbarmungslos setzte wieder das heulende Bombardement ein, es dröhnte von allen Seiten, noch ein paar Schritte bis heim, da rief jemand aus dem schrecklichen Chaos zu Josef herüber:

„Legst dich nieder!“ So warf er sich verängstigt nieder bis das Geschwader über ihm weg war, dann erst schnellte er ins Haus und flüchtete in den Keller hinunter. Hier hatte sich die Familie mit seiner alten Mutter eingefunden.

Sie beteten gemeinsam den Rosenkranz und waren mächtig erfreut über seine Rückkehr. Erneut stürzten über Mißlitz detonierende Bomben nieder, Sirenen heulten, die Flugzeuge dröhnten im wahnsinnigen Feuersturm und lauter noch, mächtiger, klang der Ruf im Gebet.

Den ganzen Tag dauerten die sowjetischen Luftangriffe über Mißlitz an, trat zwischendurch eine längere Pause ein, stiegen seine Buben gleich aufs Dach hinauf und riefen hinunter: „Vater, dort brennt‘s, dort brennt‘s und dort brennt‘s.....!“ Josef stieg dann hoch und sah die verblüffende Wirklichkeit und die Ausmaße einer grauenhaften Zerstörung.

Aufgeregt rannte er anschließend von Böhmdorf hinunter über die sanfte Talmulde von Mißlitz an den Markusberg zum Hause der Antonia, denn eine unangenehme Vorahnung hatte ihn gepackt. Das Haus stand noch, von Rissen erschüttert, aber ein ungeheurer Trichter breitete sich anstelle des Ziegenstalles aus. Fels und Boden waren weggerissen. Seine Schwester fand er mit dem Kinde am Boden vor. Sie wollte sich und das Kind vermutlich in den mit Eisenträgern gestützten Stall retten. Josef kniete erschüttert nieder und betete; aber sie waren beide tot. So hatte er seine Schwester verloren, die einst die liebe Toni Tante zu allen gewesen, vom ersten Bombenhagel getroffen – und der liebe Gott sendete ihr den Tod als Erlösung, denn wäre hundertmal Unrecht geschehen, sie hätte keinem Menschen irgendetwas gemacht, so weiß Josef nur allzu gut, wie viel Leid ihr mit dem Kriegsende erspart geblieben ist.–

Ihr Mann, bei allen der Onkel Spuli war Wiener, wo er in jenen Tagen der Angst und des Todes bei seinen Verwandten verbrachte. Welch unfassbare Verzweiflung musste er bei seiner Heimkunft durchgestanden haben. Und das war noch der Anfang der letzten Zerstörungswut. Zurückgeworfen in die bittere Wirklichkeit heulten erneut Sirenen halbstündlich, so dass Josefs Familie daheim bis in die Morgenstunden im Keller verborgen blieben, da es immer wieder zu einzelnen Detonationen in der näheren Umgebung kam. Es gab keinen Widerstand mehr. Es war das Jahr 1945 und die bedingungslose Kapitulation stand bevor. Die Russen würden bald hier sein. Gubschitz lag schon in ihrer Hand. Ungehindert rollten dann sowjetische Panzer hinweg und setzten die Eroberungswelle der Invasion gegen Westen fort. Damit gehörte auch Mißlitz zum besetzten Land, überall begegneten Josef russische Soldaten.

In den folgenden Tagen zog man alle deutschen Männer zu Aufräumarbeiten heran. Am Rathaus wurden kleine Gruppen gebildet und in alle Richtungen verstreut. Es war in den ersten Tagen als Josef heimkehrte und einer kleinen Menschenmenge in „schwarz“ begegnete und unter Bestürzung fragte:

„Was ist los?“ Da erst erfuhr er, dass sie vom Begräbnis

seiner Schwester Antonia und ihrem Kinde kamen. So war ihm auch die letzte Anteilnahme nicht gegönnt.

Das Leben ging weiter. Vor dem Arbeiten bei den verbitterten Tschechen hätte sich jeder am liebsten gedrückt. Einmal gerieten sie einem Juden in die Hände und fürchteten sich vor möglichem Hass. Er zeigte ihnen die Arbeit und sagte später:

„Hier könnt Ihr Euch setzen und braucht überhaupt nicht zu arbeiten!“ Das sagte der Jude, welch gütiger Mensch.

Die hier stationierten Russen nützten die ganzen materiellen Vorteile aus und scheuten sich auch nicht den Wein der Bauern zu trinken, bis sie so volltrunken waren wie echte Russen. Was ihnen brauchbar schien kassierten sie. Ein Russe stand vor Josefs Haus, da kamen zwei jüngere Russen. Josef fragte, was sie suchen. Sie zeigten auf sein Haus und wollten rein. Josef gab ihnen eindringlich zu verstehen, dass hier kein Wein im Keller sei und hatte die beiden zum Glück los. Aber einmal kamen sie mit einem großen Wagen und jeder Russe beschlagnahmte was ihm gefiel. Besonders gefragt waren Uhren. Jeder Russe fuhr mit mehreren hier ergatterten Uhren nach Hause.

Der grausame Krieg war beendet, doch der große Schrecken und damit ein furchtbarer Leidensweg, besonders für die Deutschen begann zugleich. Josef ging hinaus. Draußen brummten zahlreiche Motorräder der Russen. Bald würden es Deutsche sein, die keine Rechte mehr hätten. Die Eroberer würden in die Häuser einfallen und gnadenlos plündern. Josefs Familie hob hastig ein Erdloch im Garten aus und da vergruben sie all jenes, was ihnen lieb und teuer schien. Der Eingang des Weinkellers war noch vom letzten großen Bombenangriff mit viel Stroh zur Sicherheit ausgestopft.

Im Heu am Dachboden verstaute Josef seine wertvolle Nähmaschine.

Auf einmal bogen dann ein paar Russen zum Eingangstor hinein, drangen ins Haus und behaupteten sich als autoritäre Herren. Sie legten sich mit den Stiefeln ins Bett, befahlen nach Belieben, rissen all jenes was ihnen gefiel an sich, so auch die Ziehharmonika seines Sohnes und das lange, in Ehren gehaltene, Erbstück, die alte Tabakspfeife des Vaters. Sie durchwühlten ihr Haus, fraßen wie die Eingeborenen Sibiriens und hinterließen einen gewaltigen Saustall. Einer blickte auf seine gestohlene Armbanduhr und sagte Josef zugewandt:

„In zehn Minuten werden Sie evakuiert." Unglaubwürdig blickte er ihn an und beteuerte:

„Wos bildest dir ein? Manst I nehm die Großmutter unter den einen Arm und die Kinder in den anderen?" Mit eiserner Miene wiederholte er seine Forderung.

„In zehn Minuten werden Sie evakuiert." Schnell und bescheiden fiel in der Eile das Proviant aus. Dann entließen die Soldaten die ganze Familie und trieben alle gnadenlos aus ihrem Hof hinaus. Wütend liefen sie zum Bürgermeister und erzählten ihm hilfesuchend das furchtbare Vorgehen, aber es waren, in jenen Tagen und Wochen, ja viele die das gleiche Schicksal mit ihnen teilten. Nochmals gingen sie zurück in ihren Hof, spannten den Wagen ein, luden was sie fanden und fuhren rumpelnd davon. Wohin? Darüber mussten sie sich schon selbst den Kopf zerbrechen, wenn sie nur nicht noch als Bettler endeten. So kamen sie vorübergehend in der Scheuer bei Verwandten in der Ramosch unter. Am Abend, liefen sie aber heim in den Stall und fütterten das Vieh.

Eines Tages zwangen sie Josef einmal plötzlich am Fuhrwerk aufzusitzen und mitzufahren. Zitternd, stieg er auf und ließ die Fahrt in Richtung Südosten über sich ergehen. Den groben russischen Soldaten war er nun ganz allein ausgeliefert und es war als Deutscher besser ihnen zu gehorchen. In Irritz hielt der Wagen, dort schlachteten die Russen und Josef musste arbeiten. Riesige Massen Fleisch wurden verarbeitet, sie überbrühten es nicht, sondern flammten es über dem Feuer ab.

Es beruhigte ihn als er nach Hause kam, dass seine Tiere ihnen noch nicht zum Opfer gefallen waren, auch den Wein hatten sie noch nicht entdeckt.

Der Tag des Aufbruchs der Russen kam. Josef hatte sich unbemerkt auf den Dachboden geschlichen, von wo er den Hof beobachten konnte. Einer von ihnen öffnete die Scheuer. Hätten sie ihm sein wertvolles Stück Rind gestohlen, wäre er sofort unter Bestürzung nach unten gelaufen.

Sie entschieden sich für seinen wunderschönen Leiterwagen, den sie hinaus zerrten. Mitgebrachte Pferde um die Kriegsbeute abzutransportieren fanden sich überall. Bevor sie sein Haus vollends räumten und aufbrachen stand er am Hoftor, wo sie sich sogar entschuldigten. Wie sich herausstellte, waren seine Russen im Vergleich zu anderen doch noch brav gewesen.

Im Hause war vieles zu Bruch gegangen und vom hinterlassenen Saustall bis zur ursprünglichen Ordnung dauerte es wohl lange. Trotzdem durften sie wieder ihr eigenes Haus beziehen und darüber waren sie sehr erfreut.

Die Tschechen versuchten das Verhalten bei den Deutschen zu erkunden. Sie fragten auch seinen tschechischen Nachbar, der beteuerte:

„Für den geb ich meinen Kopf her, dass er kein Nazi war!" In jenen Monaten schien Mißlitz im Chaos der Belagerung undurchschaubar. Volltrunkene Russen wüteten auf den Straßen und rissen viele junge Frauen zur Vergewaltigung an sich. Viele schöne Frauen machten sich daher aus Furcht alt und hässlich und versteckten sich bei jeder Gefahr im Stroh.

Die tschechische Regierung erließ nach und nach, neue Gesetze mit zunehmenden Einschränkungen. So hatten Deutsche, wenn sie sich in der Öffentlichkeit zeigen wollten, eine weiße Armbinde zu tragen. Die deutschen Schulen blieben geschlossen. Überhaupt war mit einem Mal Selbst die deutsche Sprache verboten.

Eines Tages rief man alle Einwohner von Mißlitz zu einer wichtigen Versammlung auf. Der Bürgermeister verkündete die traurige Bekanntmachung:

„Das gesamte deutsche Vermögen wird ohne jegliche Entschädigung beschlagnahmt." Das war ein tiefer Schlag. Kaum traf Josef das Schicksal bitterer im Leben als hier. Er besaß nichts mehr... ! Da kamen ja Dinge vor! Noch deutlich erinnerte er sich an einen reichen deutschen Bauern, der mit einem Tschechen seines Alters zusammentraf, vielleicht waren sie vorher Kameraden gewesen, weil jeder beide Sprachen verstand. Er kam zu ihm und sagte: „Der ganze Hof gehört mir."

„Wie lange kann ich noch dableiben?"

Der Tscheche: „Schau, dass du den Moment raus kommst." Ein anderer ging zum tschechischen Bürgermeister und klagte:

„Ich muss aus meinem Haus raus, wo soll ich wohnen?"

„Du bist ein Deutscher," fragte der Bürgermeister.

„Ja!“

„Wohn auf der Straße!“

Oder ein anderer schlenderte die Straße entlang, ein Tscheche kam und befahl: „Schöne Schuhe, zieh die Schuhe aus!“ Der Deutsche hatte keine andere Wahl als sie auszuziehen und anstelle der Seinen die des Tschechen zu nehmen.

Josefs Familie hatte es relativ gut dagegen, da sie bis zum Schluss in Haus und Hof bleiben durften.

Es war an einem Nachmittag und sie saßen in der Stube, als sein Sohn Johann aufgeregt ins Haus gestürmt kam.

„Vater, es sind Leute über unsere Gartenmauer gestiegen!“ Josef stürzte hinaus und überraschte die Eindringlinge im Gewölbekeller. Es waren drei MP bewaffnete Russen, die den Sand untersuchten.

„Was sucht Ihr da,“ brauste er russisch auf, denn sie meinten da sei etwas vergraben. Dabei vergruben sie zumeist an dieser Stelle Karotten, damit das Gemüse über Winter schön frisch blieb und gerade dies versuchte er den Eindringlingen russisch klarzumachen. Sie verstanden es.

„Und jetzt aber raus,“ befahl er und drängte die Bewaffneten zugleich zur Tür. Daraufhin verschwanden sie zum Glück. „Vater, wenn die jetzt geschossen hätten,“ fragte sein Sohn Johann, der alles mitbekommen hatte. So erklärte er ihm, dass die Russen sehr rau sein können, wenn man ihnen aber gleich richtig entgegentritt sei das durchaus nicht schlecht. Im ganzen Dorf beherrschten Russen das Straßenbild. Viele Deutsche hatten inzwischen Haus und Hof verloren, einfach hinausgejagt und vertrieben. Jeder hoffte und glaubte, dass dies eine vorübergehende Angelegenheit sei, die sich am Ende des russischen Abzuges zum Guten wenden würde.

Eine außerordentlich aufregende Begegnung hatte Josef in jenen Tagen als auf dem Weg durch die Straße ein Russe auf ihn zukam und fragte, wo die Böhmdorfer Straße 75 sei. Von einer unheimlichen Angst gepackt schnellte Josef das Herz bis zum Hals hinauf, denn er wusste, dass es um sein Haus ging. Sollte so auch sein vernichtendes Urteil eingeleitet werden? Noch konnte er retten, was zu retten war, gab dem Russen umständlich den Weg an und als dieser aufbrach, sauste Josef auf direktem Weg heimwärts und war auf das Äußerste gefasst. Wie der Russe dann kam und ihn etwas verwirrt ansah, erklärte Josef:

„Bei mir werden's kein Glück haben, ich bin royal erklärt worden." Das war für den Fremden plausibel genug und ging ihm dann schon in sein Hirn ein und er versprach es im Rathaus mitzuteilen, dass es ihm nicht behagt hätte. So waren sie vorübergehend gerettet, doch wie lange noch?

Die Deutschen waren nun völlig entrechtet, das Schlachten blieb genauso streng untersagt. Dies war das bittere Vergehen der Tschechen und die Art und Weise wie sie sich an den Deutschen rächten, begann genauso niederträchtig wie der Nationalsozialismus. Josef sprach weder für das eine noch für das andere, denn beides fand ja seinen Ursprung in der Macht des Bösen.

In ganz Mißlitz wusste wohl jeder, dass der Schulz gegen den Hitler war, deshalb ging es ihnen als Deutsche ein bisschen besser als den anderen, darum bekamen sie auch ein Privileg zum Schlachten und das geschah so: Im Stall hatten sie noch ein Schwein und seine Frau konnte keineswegs tschechisch, ging aber trotzdem zum tschechischen

Bürgermeister und erklärte ihm in Deutsch, dass sie noch ein Schwein im Haus hätten, das andere wäre bereits abgeliefert.

Der Bürgermeister unterbrach und fragte was sie wolle? Da bat sie um Erlaubnis zu schlachten. So gab er ihr einen Bogen mit auf den Weg. Josef saß gerade ahnungslos in der oberen Kammer und schrieb. Da ging unten die Tür auf und eine fröhliche Stimme rief:

„Hallo, wir werden schlachten!" Josef gab ihr durchs ganze Haus zu verstehen: „Bist verrückt, wo kann denn ein Deutscher noch schlachten!" Da stand Maria auch schon lächelnd in der Kammer, legte ihm den auszufüllenden Bogen auf den Tisch, den er voller Enthusiasmus unterschrieb. Josef lief dann gleich zum Rathaus, beauftragte vorsichtshalber einen tschechischen Nachbarsjungen der bei Maria regelmäßig Eier kaufte, um das Privileg dem Bürgermeister zur Unterzeichnung zu bringen. Als dieser zurückkam erhielt Josef das Dokument signiert und besiegelt zurück. Gleich am nächsten Morgen schlachtete er zum letzten mal daheim. Die ganze Familie war damit beschäftigt. Zu essen hatten sie genug, so konnte er den ganzen Vorrat an die, vor ihm enteigneten und arm gewordenen Nachbarn brüderlich verteilen, sodass Sechzehn Familien etwas von dem Fleisch erhielten.

Vertreibung

Eines Morgens besuchte Josef doch noch seinen Bruder in Brünn. Er selbst brauchte sich keine Sorgen um seine Zukunft machen, da er nach der Entstehung der Tschechoslowakei bei den elektrischen Straßenbahnen in Brünn seine Arbeit verloren hätte, wäre er nicht schon damals tschechischer Bürger geworden. Bei der Begrüßung schien er überrascht und meinte verwundert:

„Du bist da?“

„Bitte, wo soll ich sein,“ fragte Josef.

„Weißt, was in Brünn vorgefallen ist?“ Die Deutschen wurden samt und sonderst zu Fuß nach Österreich davongejagt. Soldaten klopften in der Nacht mit dem Befehl, die Lebensmittelkarten vorzuzeigen, an die Tür und anhand der Farbe erkannten sie, ob deutsch oder tschechisch. Wenn deutsch, dann wurden sie erbarmungslos hinausgejagt, selbst dann, wenn sie in Unterhose die Tür öffneten. Ihnen blieb nicht einmal die geringste Zeit sich anzuziehen. Zu Zehntausenden zogen sie los. Josefs Nichte, die Resi, traf es auch. Bekannte aus Brünn legten Klage beim Bürgermeister ein, der darüber disponierte. Sie suchten sie erfolgreich in der Menschenmasse und brachten sie krank wieder heim, wo sie sich dann zwei Wochen lang im Bett auskurierte. Die Soldaten drängten die Vertriebenen bis zur österreichisch - tschechischen Grenze, wo man sie dann ihrem

Schicksal selbst überließ. Viele fand man zu Tode ermattet, in den Straßengräben liegen.

Eines Tages schlug das bittere Schicksal auch bei Josefs Familie ein. Er bekam einen Zettel mit der Schreckensnachricht in die Hand, worauf kurz gefasst stand, dass sich seine Familie Morgen bei der Schule mit maximal dreißig Kilogramm Handgepäck melden solle. Acht Tage lang übernachtete die Familie im Schulgebäude bis zum geplanten Abtransport nach Deutschland. Schweren Herzens verkündete Josef das Schicksal ihren lieben Verwandten. Seine Nichten Ani und Resi waren zwar traurig, aber trösteten ihn ermutigend und sagten: „Es könnt's böhmisch, die Tant kann ka Wort böhmisch und dort könnt's zum wenigsten reden wie Euch der Schnabel gewachsen ist." Die Ani versorgte ihre Verwandten im Schulgebäude mit gutem Essen, das sie für sie bis zum Schluss kochte. Aber auch das war ein Wagnis und konnte ihr bei den Tschechen teuer zu stehen kommen, wenn man für Deutsche einsprang.

Ein großzügiger Tscheche kam mit einem Paket voll Kleider ins Lager, hob die guten Stücke einzeln hoch und fragte:

„Wer braucht ein Mantel, wer braucht eine Hose.....?" Niemand meldete sich, soviel Anstand hatten alle, jeder wusste ja sehr gut, dass es gestohlene Kleider waren. Die Menge wandte sich ab und als es dem Tschechen gar zu bunt wurde, sagte er noch:

„Also, wer was braucht, soll sich selber nehmen," dann verschwand er.

Bevor es sich herausstellte, dass für diesen Transport achtzehn überzählig waren und Josefs Familie mitfahren wollten, durchwühlten sie das Wenige, das sie noch besaßen und hätten sich in ihrem habgierigen Durst auch noch das Letzte einverleibt.

Der tschechische Bürgermeister wusste genauso wie alle anderen, dass Josef ein offener Gegner Hitlers von Anfang an verkörperte. Somit bot er ihm freiwillig an, dazubleiben. Josef fragte:

„Herr Bürgermeister, werde ich Rechte haben, bleibe ich in meinem Haus?“

„Ah, Sie kommen eventuell,“ nannte schnell eine böhmische Ortschaft, „als Landarbeiter...“

„Warten sie, ich werde meinen Schwager fragen.“

„Nein, das müssen Sie gleich sagen.“

„Ich werde meine Frau fragen, sie ist gerade hinausgegangen.“

„Nein, das müssen Sie gleich sagen.“

Da fiel es Josef leicht unter diesen Bedingungen nein zu sagen. Trotzdem kamen sie für ganze zwei Monate wegen der Überzahl nochmals heim. Hier verbrachten sie die Tage zum letzten Mal in ihren Wänden. Einmal tauchte sogar sein Bruder aus Brünn auf. Ihm erzählte Josef, dass es die Möglichkeit gegeben hätte dazubleiben. Er sagte: „Zuerst nehmen sie dir alles und dann willst bei ihnen als Knecht bleiben? Die sollen dich gern haben.“ Bevor die Familie ihr Haus für allezeit verließen brachte Josef seine Nähmaschine zu seiner Schwester, die in Schulnähe wohnte und wegen ihrem tschechischen Mann Besitz und Heimat nicht verlassen brauchte. Vor dem Abtransport wurden die wartenden Familien aufgerufen um an der letzten Gepäckdurchsuchungskontrolle vorbei zu gelangen. Zu seinem ältesten Sohn sagte Josef:

„Weißt was, jetzt gehst und holst die Nähmaschine, wirst acht geben! Wenn hier schon einer durchsucht wurde, dann geht er wie alle anderen zuerst in die Schule. So gehst du zu ihm und machst so, wie wenn du ihm hilfst sein Gepäck zu tragen." Und weil es damals dem Josef gelang, funktioniert das inzwischen über hundertjährige alte Prachtstück noch heute.

Die Stunde der Trennung und des schweren Abschieds kam. Die feuchten Wangen seiner Frau waren mit den Tränen einer brennenden Heimatliebe überflossen. Der herzzerreißende Abschied von seiner lieben, altersgekrümmten, Mutter nahte. Sie fühlte sich zu alt zur Verpflanzung, außerdem wollte sie daheim in Ruhe sterben. Noch einmal sieht Josef den ganzen Ausdruck ihrer mütterlichen Sorge vor sich, den gütigen Glanz mit den fließenden Tränen in ihren Augen, ihre Liebe zu ihrem Sohn, die größer war als alle Schicksalsschläge, welche Trennung durch Grenzen brachte. Den Ersten Weltkrieg trug sie im Gottvertrauen, den Volkssturm voller Bangen, immer wartend auf den Sohn und so würde sie auch diesmal die Hoffnung in sich tragen und doch schien die irdische Vergänglichkeit näher als alles Wiedersehen. Sentimental, – das letzte Drücken, ein letzter Gruß, ein schwerer Schmerz, den die Seele zutiefst betrübt, – dann trennte sich der Weg, auf dieser Erde.

Wartend auf den nächsten Laster standen sie hier, von dem neuen Regime verflucht und vertrieben. Heimatlos mit Maria und vier Kindern, bettelarm, gleich verkauften Lämmern, getragen vom Gottvertrauen, in ungewisse Zukunft blickend, standen sie hier. Der Laster hielt, die Deutschen stiegen hinauf und dann fuhren sie zum etwa fünf

Kilometer außerhalb gelegenen Mißlitzer Bahnhof. Von dort verluden sie alle in einen der alten Viehwaggons, die bereitstanden zum Abtransport.

Viele Menschen drängten sich von strengen Kontrollen umgeben in die alten Waggons des langen Zuges. Dreißig Menschen schleuste man in einen Waggon. So mussten sie für Tage einen menschenunwürdigen Platz teilen. Damit keiner entkam, brachten die strengen Wächter rohe Bretter, schlugen viele lange Nägel in das Holz und befestigten diese querliegend in kleinen Abständen übereinander an der Waggontür. Erst nachdem die Öffnung verbrettert war, hallte die schwere Eisentür und schlug kreischend zu. Es war plötzlich unheimlich dunkel. Nur ein heller Lichtschimmer fiel durch eine kleine Fensterluke. Die Familie saß schweigend auf dem schwarzen schmutzigen Boden. Neben ihnen, in Säcken verpackt, das einzige was sie besaßen. Fast erdrückend bluteten die Gedanken von trennender Heimatliebe in Josef. Viele von den hier eng Zusammengepferchten fühlten das gleiche, denn herzzerreißendes weinen, der Frauen und Kinder, ließ alles nur noch schwerer erscheinen. Ein elendes langes Warten, eingesperrt im Dunkeln, ohne Sitz und Toilette – ein Eimer für dreißig Menschen ließ das Austreten bald zum Verhängnis werden. Dann ruckelte es heftig, die schweren quietschenden Räder lösten sich, und der lange Zug hatte viel Mühe in seinen alten reisenden Trott zu gelangen. Eine lange Reise in das zerstörte Deutschland folgte, aber wohin? Das hätte niemand zu sagen gewagt. Die Luft im engen Raum war stickig und auf dem Boden blieb gerade genügend Platz zum Schlafen, wozu nur wenige die Nerven behielten. In später Nacht stand der eigentliche Güterzug Stunde um

Stunde auf dem riesigen Prager Bahnhof und die Kinder staunten als sie aus dem kleinen Fenster zum ersten Mal ein solch umfangreiches städtisches Geleise sahen. Sie wickelten sich in die mitgebrachten Decken, und verbrachten die langen Nächte auf dem schwarzen Bretterboden. Irgendwann folgte dann wieder ein kurzer Ruck und erneut begann die endlos scheinende Reise.

Am Morgen des 21. Juni 1946 rollten sie der Deutschen Grenze entgegen. Eine schnelle Grenzabfertigung und eine Weiterreise in ein zerbombtes Land folgten. Hier endete auch die russische Besatzungszone, die von den Amerikanern abgelöst wurde. So waren beide Länder von Alliierten besetzt. Die Fahrt ging weiter bis der Zug an Bahnhöfen stehen blieb. Dann erhielten sie alle ab und zu einen Kübel voll Wasser, Suppe und Brot. Kinder heulten durcheinander, wollten hinaus und Mütter suchten Trost in dem sie glaubten bald wieder heimzukehren, doch für Josef schien es klar genug, dass das bittere Schicksal, ein Abschied zu Lebzeiten bedeutete und er schuf sich bei dieser Prophezeiung so viele Feinde, weil es einfach niemand wahrhaben wollte.

Um den fürchterlichen Gestank im Waggon zu vermindern, öffneten sie die Tür und schauten zu den vorbeiziehenden Häuserzeilen. Sie gelangten in die Geisterstadt Nürnberg und erschraken völlig.

Ist das die Hölle, oder erst die Vorhölle? Soweit das Auge reichte, ein Trümmerhaufen mit endlos abgerissenen Häusermauern. Dort brannte eine Laterne und weit, weit ab die nächste. Der Himmel war trüb verhangen und der Tag neigte sich langsam.

„Um Himmelswillen, wo bringen die uns hin?“ So fuhren sie noch weiter in ein am Boden zerstörtes Land, durch städtische Ruinen, aber auch wohltuende Wälder, Wiesen und Felder. Vier Tage lang harrten sie mit den anderen auf engstem Raum aus, dann war das Ziel erreicht. Die Zahl der beförderten Ausgewiesenen betrug eintausendeinhundertneunundneunzig. Sie kamen zunächst in Seckach im Odenwald an, wo man sie bei strömendem Regen in ein Lager mit vielen Flüchtlingen einquartierte. Jene ersten Tage mochten wohl ganz wohltuend gewesen sein, trotzdem befanden sich die Südmährer in der fernen Fremde, bei wochenlangem Sommerregen. Der Gedanke Haus und Hof im warmen Sonnenklima verloren zu haben, ließ Josef und Maria schier verzweifeln. Das Essen schmeckte zwar wieder, aber die Zeit blieb hart, die Kinder wurden ungeduldig und weinten. Daheim schlenderten sie lebhaft und barfüßig durch die Straßen, aber hier regnete es, als wären alle Schleusen des Himmels geöffnet und am nasskalten Morast konnte sich wohl niemand recht erfreuen.

Tief im Odenwald

Erst drei Wochen später erhielten sie die Nachricht, dass sie in ein anderes Dorf kämen. Mit dem Laster fuhren sie tiefer in den Odenwald zu ihrem neuen Bestimmungsort nach Donebach (Baden) wo meist der Bauer seine, ihm zugewiesene Familie abholte. Als letzter kam auch ihr Bauer. Sie luden Sack und Pack auf, stiegen selbst auf und die Fahrt mit der Pferdedroschke ging hinab, in ein kleines Tälchen, von Wald und Wiesen umsäumt. Sie fuhren in eine Siedlung, welche Ünglert hieß, über die kleine Brücke in den Hof. Ein Mühlrad rauschte im Wasser plätschernd sein Lied. Zwei leere Zimmer bekamen sie im alten Haus über einem leeren Pferdestall. Die Einrichtung mussten sie selbst beschaffen. Der Hof trug den Namen Riesenmühle und die Menschen hier tief im Odenwald sprachen einen eigen ausgeprägten Dialekt, genau wie die Vertriebenen, was anfangs zu mühsamen Sprachverwirrungen führte.

Der obere Teil über dem Pferdestall bestand aus vier Zimmern, davon fielen zwei, für Josef und Familie ab. Zu sechst hatten sie Küche und Schlafzimmer. Anfangs schliefen sie auf dem Holzboden. Die beiden anderen Kammern bewohnten vier weitere Flüchtlinge.

Die Einheimischen waren nicht weniger als Josefs Familie über ihr Schicksal erbittert, weil sie einen Teil ihrer Räumlichkeiten abtreten mussten . Daher kam auch jene Kluft unfreundlicher Begegnungen zwischen Heimatvertriebenen, den Flüchtlingen, wie man sagte und den Hiesigen, worunter besonders die Kinder zu leiden hatten. Kam Josef mit den anderen Flüchtlingen zusammen, die von der baldigen Heimkehr redeten, sagte er ihnen felsenfest, dass sie nicht mehr heimfahren würden und sie fielen über ihn wie Hunde her. Besonders dieser Wagner geriet doch allzu leicht in Aufregung, aber die Wirklichkeit blieb eben hart und sein wütender Anblick verriet nur einen Teil seiner inneren Unruhe.

„Geh weg, du verstehst nichts. Hast du es nicht gelesen? Das darf nicht sein, sie müssen heimfahren!“ Das war der Trost mit dem sie sich alle gegenseitig belogen und nur glaubten was sie hören wollten. Beinahe hätte er Josef sogar vor Wut geschlagen und seine Frau warnte Maria, Josef solle ihn nicht reizen, weil sie sonst für nichts garantieren könne.

Die Siedlung bestand aus fünf Mühlen. Um die Höfe lagen die Wiesen. Das Gras stand saftig und üppig. Grillen zirpten und Vögel aus den Wäldern sangen ihre Lebensmelodie. Das Wasser des Bachstromes rauschte gleichmäßig über die Mühlräder im schattigen Laub dahin, und dichte Fichtenwälder wechselten die Landschaft mit angelegten Äckern und Wiesen. An den Hängen standen die Wälder, dunkel und geheimnisvoll von ruhigen Gewässern und Rinnsalen durchfeuchtet, an dessen Rändern wilde Himbeersträucher wuchsen. Und unten in der Enge des Talgrundes in einem abgelegenen Winkel des Odenwalds, da hausten sie in den alten schiefen Wänden der Riesenmühle. Von tiefster Armut gekennzeichnet, verflucht, verjagt in jenen schlechten Jahren in denen Knappheit und Hunger Deutschland beherrschten.

Im Ünglert arbeitete Josef erst einmal eine kurze Zeit im Wald. Von anderen Flüchtlingen erfuhr er, dass sie beim Wiederaufbau in Mannheim halfen. So ließ Josef die schweren Baumfällarbeiten bleiben und versuchte es fortan als Hilfskraft bei den Maurern in Mannheim, wo es sein ältester Sohn, der Sepp, mit einer Ausbildung gleichfalls probierte.

Unter der Woche wohnte er mit den anderen Arbeitern in einer armen schmutzigen Behausung, die düster durch zwei schwache Glühbirnen beleuchtet war. In der Frühe gab es eine Tasse schwarzen Kaffee und Tee. Sie klopften Backsteine ab, trugen Mörtel und mischten Beton. Es war keine leichte Arbeit für ihn. Zu Mittag bekamen sie am Arbeitsplatz meistens geschmacklose Erdäpfel aus Amerika, mit großen schwarzen Augen, ausgeteilt. Josef hielt dann seinen gewohnten Schurz auf, den daheim jeder trug und der hier plötzlich auffiel, um die Ware zu sammeln. Die Hiesigen füllten ihre Kappen. Da gab es welche, die hatten überhaupt keine Geduld, zerstampften, die halb rohen, mit Erde verschmierten Kartoffeln, sofort zu einem einzigen Brei, vermischten ihren Spinat darin, der abscheulich schmeckte und eher einem zerkochten Gras glich und stopften sich in rasender Windeseile den Mund so voll, dass Josef schon vom Zuschauen der Appetit verging. Das Essen blieb auch weiterhin schlecht. Sie alle lebten in Massenübernachtungsräumen der Arbeiter. Unter Dutzenden von Doppelbetten belegte er eines unten. Aufgrund seines frühen Schlafengehens, merkte er nie wer über ihm schnarchte. Erst nach Wochen begegnete ihm durch Zufall sein oberer Schlafgenosse. Da erst stellte er sehr peinlich und überrascht fest, dass dies sein Sohn Sepp war.

Am Wochenende fuhren sie mit den anderen Flüchtlingen zur Familie in den Ünglert zurück.

Mühsam mussten sie alle, ob klein oder groß gegen jene Not ankämpfen. Wer im bevorstehenden Winter nicht hungern wollte, der musste arbeiten und Vorräte sammeln. Von seinen drei Buben fanden die beiden Ältesten eine Lehrstelle, sie waren nicht mehr schulpflichtig, während sein Jüngster und die Tochter noch zur Schule gingen. Im Sommer, wenn sie aus der Schule kamen, brachten die Kinder der Mutter nach dem Laufe der Monate, aus wilden Hecken und Wäldern, Himbeeren, Brombeeren, Heidelbeeren und Haselnüsse. An den Wochenenden kam auch Josef mit in die Heidelbeeren, die sie dann verkauften.

Im Herbst hörte die Ernte nicht mehr auf. Da sammelte man ganze Ährensträuße von den abgeernteten Feldern, trennte mit einem Brett die Spreu von den Körnern und ließ sich Mehl vom Riesenmüller mahlen. Sie sammelten aber auch Pilze, wilde Birnen, Äpfel und Bucheckern. Aus Bucheckern gewann man kostbares Speiseöl. Der Alois, sein jüngster Sohn, wusste immer wo es was gab, er fing sogar Bachforellen aus ihren Verstecken, erwischte sie aber nur selten mit seinen flinken Händen.

Jene ersten Winterjahre waren die Ärgsten. Das Land war unter schwerer US- Besatzungsmacht. Ganze Landstriche standen unter Kontrolle, denn Hunger trieb die Menschen zum Wildern hinaus. Fallen und Schlingen, die Menschen unerlaubt aufstellten, waren keine Seltenheit. Doch sein eiserner Grundsatz bestand daraus, davon die Finger zu lassen.

An einem Nachmittag kam wie immer sein jüngster Sohn aus der Schule, stürzte ihm heute nur so entgegen und rief:

„Vater, mein Freund hat in meinem Dabeisein im Wald Schlingen von Wilddieben anderswo aufgestellt!“ Damals durften nicht mal Jäger ein Gewehr besitzen. „Gerade war ich danach schauen, in der Tat hängt ein Reh verendet. Schnell, werden wir es holen!“

„Um Himmelswillen Bui, was hast da gemacht? Wenn das die Amerikaner aufdecken werde ich eingesperrt.“

„Ah, Vater, Ihr werdet doch keinen Rehbraten liegen lassen,“ so redeten Sohn und Mutter auf ihn ein.

Josef überlegte hin und her, ließ von seinem Grundsatz ab, wartete bis die Nacht Einzug hielt und zog zusammen mit seinem Sohn in jenen kalten Herbstwald.

Trockene Blätter sirrten im Winde wie Metall. Zitternd vor Angst und Kälte ließ er die letzten Meter seinen Sohn voran, da die unberechenbaren Amerikaner, wenn sie von dem Vorgang wussten, sich in unmittelbarer Nähe versteckt halten könnten. Leise erklärte er seinem Sohn:

„Geh du vor und pass auf, denn wenn sie dich fangen – du bist Kind – dir können sie nicht viel machen –, ich könne inzwischen davonrennen.“ Minuten verstrichen und als sich keine Menschenseele rührte, wusste Josef, dass die Luft rein war. Angst und kalter Schweiß gab ihm ein Unwohlsein. Das getötete Reh, wickelte er gut ein und schleppte es heim. Daheim konnte er es in Ruhe zerlegen und bevor er den ersten Bissen aß, waren vor Angst mehrere Kilo verloren. Wahrlich war es eine herzhafte, reich gedeckte Festtafel für die ganze Familie. Das zarte Wildgericht war herrlich mit Knödeln und Gemüse zubereitet, dazu funkelte goldener Wein, wie in alten Zeiten. Alle waren damit beschäftigt an diesem Mahl recht viel an Essen und Trinken zu bewältigen. Es schien, als würde sich eine solche Gelegenheit wohl nicht mehr im Leben bieten. Doch nach eineinhalb Jahren strich man die Lebensmittelkarten. Der Staat führte die Währungsreform ein. Für zehn Mark bekam man nur noch eine.

Zum Ausgleich, erhielt jeder Fünfzig Deutsche Mark. Das hatte zur Folge, dass es Lebensmittel umfangreicher und billiger in einer größeren Fülle gab. So verging die erdrückende Armut.

Als alter Bauer pachtete Josef sich eine Wiese, verwandelte ein Teil davon in Ackerland und baute Rüben an.

Er schleppte von überall brauchbare Steinbrocken heran und hatte den Einfall, mit großer Mühe wieder einen eigenen Ziegenstall an der gepachteten Wiese, hinter dem Haus zu errichten. Er schickte seine Buben in den Wald, damit sie das Rundholz von den ausgelichteten Bäumen sammelten, das ihnen der gütige Nachbar und Besitzer des Waldes, sogar heimfuhr. Primitivste Nägel und Blechstücke trieb er sich in Mannheim auf, mauerte dreiseitig die Stallmauer und verfestigte die Fugen mit einem Selbst angerührten Kot. Den Frontabschnitt verkleidete er mit Rundholz, das nach außen hin mit angenagelten Blechstücken beschlagen wurde. Für das leicht abgeschrägte Dach kaufte er Brettware vom Sägewerk, befestigte diese und nagelte zur Wasserabweisung Teerpappe darauf. Ein gezimmertes Tor mit Schloss, das ihm seine Söhne einbauten, erfüllte schon bald seinen Zweck. Als es regnete, stand er zum ersten mal wieder unter seinem Dach.

Nach und nach kaufte er nun Ziegen, Schweine, Hasen, Hühner und arbeitete fortwährend noch wochentags in Mannheim. Die Nachkriegsarmut flaute spürbar ab, so hätte man sich in der Riesenmühle nicht beklagen können, da er es, wenn auch sehr bescheiden, aber immerhin zu kleinster Landwirtschaft brachte. Das einzige Handicap bestand aus der Wohnung, die über dem leeren kalten Pferdestall in altem zerbröckelndem Fachwerk lag. Darum bestand auch der Fußboden aus zerrissenen Brettern, die verzogen waren und unheimlich kalte Fugen in die Tiefe warfen. Genauso wie der raue Holzboden auf massiven Balken gelagert, waren die schiefen Wände mit Holz ummantelt. In jenen kalten Nachkriegswinter zog es fürchterlich. Darum kaufte Josef einen alten Teppich, der bestenfalls einem dicken Leder ähnelte und Spalten und Fugen abdeckte. Als er einmal gemütlich bei pfeifendem Sturm auf dem Sofa lag geschah etwas Unglaubliches. Er traute seinen Augen nicht und versuchte sich deshalb vergebens aus dem Traum zu retten. Vor ihm blähte sich der schwere Teppich zu einer gewaltigen Blase hinan, dass er nur so den Kopf schüttelte über jene Kraft des Windes.

Nur zum Wochenende kam die gesamte Familie am Tisch zusammen.

Wochentags verbrachten seine Söhne und er in den damals schmutzigen Städten Ludwigshafen und Mannheim.

Als die Arbeit am Bau sank, setzte eine Welle von Entlassungen der schlechten und der älteren Arbeiter ein. Damals kannte sich Josef überhaupt nicht mit den Gesetzen aus. Wer von ihnen hatte sich schon mit deutschen Gesetzen befasst. In Südmähren waren sie nicht so. Josef war einer von den Älteren und einer von den schlechteren Arbeitern, weil, wenn sie auch nur zwei Flüchtlinge waren, ließen sie die Arbeit sein und erzählten ganz einfach von daheim. Es gab Stempelgeld zunächst für ein halbes Jahr, später für ein Vierteljahr und danach ging er wieder aufs Amt und verlangte einen Bogen für weitere Zeit. Der Beamte schaute ihn fragend hinter seinen dicken Brillengläsern an und meinte schließlich:

„Können Sie noch arbeiten?“

„Ja freilich kann ich noch arbeiten, wie ein Dreißigjähriger natürlich nimmer, aber arbeiten kann ich.“ Etwas unschlüssig überlegte er und sagte schlechthin: „Ich schicke Sie zu einer Untersuchung!“

„Mich auf eine Untersuchung,“ entgegnete Josef ein wenig grob.

„Was habe ich denn angestellt, dass man mich zur Gendarmerie schickt?“ Etwas fragwürdig meinte der Beamte, ob er arbeitswillig sei.

„Was habe ich denn angestellt,“ fragte Josef verständnislos. Der Beamte bemerkte, dass Josef nicht die geringste Ahnung, von dem was er eigentlich wollte, hatte. So half er ihm auf die Sprünge, bis Josef den Bogen ausfüllen konnte. Inzwischen tippte er ihm auf der Schreibmaschine noch schnell einen Brief zurecht, übergab ihn ihm, mit der Aufforderung, sich beim Doktor untersuchen zu lassen.

„Wo wohnt der? Er stellte sich ans Fenster und erklärte:

„Sehens, dort in dem gelben Haus.“ Gespannt ging Josef dort hinein, erklärte, dass er vom Arbeitsamt käme und streckte ihm seinen Brief entgegen, den der Doktor aufriss.

„Können Sie noch arbeiten?“

„Freilich kann ich arbeiten, zwar weniger als ein junger, aber arbeiten kann ich.“

„Wo fehlt's bei Ihnen?“

„Wo fehlt's bei mir, eben wie bei einem älteren Menschen!“

„Ziehen Sie sich nur aus.“ Es war kalter Winter, so zog sich Josef den dicken Mantel aus, die Weste hatte er noch an, da hob der Arzt locker seinen Arm hoch, ließ ihn fallen und fragte:

„Leichte Arbeit?“

„Herr Doktor, daheim war ich Bauer, was bleibt mir hier noch als zu den Maurern zu gehen und das ist eben keine leichte Arbeit.“ Er schrieb Josef noch einen Brief und erklärte; dass sie mit allem schon fertig seien. Josef dachte, jetzt haben sie ihn von allem herausgeworfen und ihm stünde überhaupt keine Unterstützung mehr zu. In seinem erschütternden, völlig durcheinandergeratenen Zustand beruhigte die Stimme des Doktors in sanfter Weise. Dann schickte er ihn wieder zum Arbeitsamt. Halb benommen brachte er dem Beamten den Brief. Der lächelte und sprach:

„Also, es hat geklappt!“

„Was hat geklappt,“ wollte er wissen.

„So, jetzt gehen’s heim und bekommen monatlich ihre hundert Mark.“ Sehr misstrauisch stand Josef der ganzen Sache gegenüber. Da sein monatliches Stempelgeld einhundert-sechsundzwanzig Mark betrug, dachte er, jetzt geben sie dir Hundert, nach einiger Zeit behalten sie fünfzig ein, irgendwann reduzieren sie nochmals fünfzig und ich kann in Deutschland über alles, in aller Herrlichkeit krepieren.

So fuhr Josef mittwochs in den Ünglert heim. Freitags Abend kamen seine Buben nach Hause. Der Johann war der Erste. So teilte der Vater ihm zunächst seine Sorgen mit und erklärte ihm:

„Bis jetzt haben wir gelebt, gewiss nicht großartig, aber wie es weiter gehen wird, weiß ich nicht.“

„Vater..... ob sie Euch nicht eine Falle gestellt haben, ob Ihr arbeitswillig seid!“ Der Johann konnte ihm aber auch nicht recht helfen, deshalb zog er sich in der Verzweiflung den Mantel über und marschierte ins Wirtshaus zum Plattek nach Mudau. Es war nur ein Gast hier, der Richter und der Wirt selbst, die er beide kannte. Beide waren sie Spezialisten erster Klasse. In solchen Dingen kannten sie sich hervorragend aus, drum erzählte Josef ihnen die verhängnisvolle Geschichte, wonach der Richter in Lachen ausbrach und anschließend fest behauptete:

„Da bist ja besser dran als früher!“

„Wieso?“

„Wie hoch war Dein Stempelgeld?“

Ich erklärte hundert-sechsundzwanzig Mark im Monat. Da entgegnete er überzeugt:

„Jetzt bekommst du siebzig, deine Frau dreißig und noch zwei schulpflichtige Kinder je zwanzig, sind zusammen einhundert-vierzig, brauchst nicht mehr arbeiten und hast dein Lebtag Ruhe.“

„Was da vorgeht scheint mir rätselhaft, erst recht die Aufbesserung,“ erklärte Josef.

„Sind genug junge Leute da,“ fiel ihm der Richter ins Wort, was auch seine Richtigkeit hatte und seine frühe Rente herbeiführte.

Nasskalter Herbst und Winter sorgten im Odenwald für Regen und Schnee. Einmal bekam Josef im Spätherbst ein steifes Genick. Drei Tage lang konnte er sich nicht mehr rühren, – es war lang. So hatte er den Doktor selbst verlangt. Dieser stammte auch aus Mähren. Als er die Stube betrat zeigte er mit dem Finger auf Josef und meinte glatt:

„Grippe, Grippe, Grippe, Sie sind schon der hundertdreißigste!“

„Herr Doktor, das ist doch keine Grippe, ich habe doch ein steifes Genick!“

Er bestand darauf: „Die Grippe äußert sich verschiedenartig.“ So hatte er ihm Pillen und eine Salbe zurückgelassen.

„Herr Doktor, die Pillen sind zu nichts und die Salbe ist gerade nur dazu bestimmt, damit die Hand beim massieren rutscht.“ Da lachte er schallend und Josef lachte ebenso. Dann lief er aus dem Haus und sagte zu Maria: „Schmeiß den ganzen Gram in den Graben.“

Es war schon Spätherbst und weil sie Ziegen und Schweine besaßen, wuchs der Bedarf an Rüben. Morgen hätte es schon Einwintern können, die Rüben gehören

heim. Da drängte seine Frau:

„Könnten wir nicht einen Korb voll Rüben holen?“

„Wenn du mir aufhilfst, anziehen, aufsetzen, dann werde ich mit dem steifen Genick gehen können.“ So bewegte er sich langsam mit kleinen Schritten. Jeder Schritt verursachte einen Klick, obwohl es schmerzte, gelang es ihm. Beide kamen auf dem Rübenfeld an und schleppten die Last auch wieder zurück. Josef war total durchgeschwitzt, am nächsten Tag noch einmal das Gleiche und er war gesund.

In der Riesenmühle vergingen Herbst und Winter. Erneut begann der Huflattich zu blühen. Schlüsselblumen bedeckten ganze Wiesen und ihre zarten goldgelben Blüten im frischen Grün fester Blätter hoben ihre Dolden über dem

Stängel himmelwärts empor. Wieder brachte der Frühling junges Grün hervor, und schon bald wogen alle Arten, der bunten Heublumen im Winde auf den Wiesen. Und bald lag wieder ein gewohntes Surren und Singen der Grillen und Vögel in der Luft. Jetzt konnte Josef wieder sein eigener Herr sein, brauchte nicht mehr gegen das Verhungern Woche für Woche in die ferne Stadt, sondern erlebte seit langen Jahren endlich wieder einen bäuerlichen Frühling. Die Wiesen dufteten und standen schon bald saftvoll zum Schnitt. Am Rande floss grüßend der kühle Mudbach. Frisches Wasser rauschte talwärts, zuerst durch die Riesenmühle; denn dort arbeitete noch immer der Riesenmüller und mahlte das Getreide. Dann erst bekamen auch die übrigen Mühlen etwas von jener Wasserkraft ab.

In jenen Tagen geschah etwas sonderbares mit Josefs Augen. Von Woche zu Woche spürte er eine deutlich zunehmende Verschlechterung seiner eigenen Sehkraft. Sah er den Frühling noch so deutlich und ganz klar vor sich, so lag jetzt alles verschwommen in einer unscharfen konturlosen Welt. Nach langem hin und her lief er doch zu einigen Ärzten bis nach Buchen, probierte Salben und Tropfen, aber alle Bemühungen waren vergebens. Tage und Wochen ohne Besserung vergingen. Allmählich begriff er, dass ihn ein hartes Schicksal treffen würde, aber noch wollte er dieses nicht wahrhaben und ließ die tägliche Arbeit so lange wie möglich beim alten bleiben.

Es war im Spätsommer, die Tage waren schon deutlich kürzer und die Frucht stand reif zur Ernte. Der Hausherr, der Franz, bat Josef, ihm bei der Getreideheimfuhr zu helfen. Der Franz und seine Frau fuhren zwei Wägen mit Getreide, während seine Schwester und Josef abluden. Erst als sie längst fertig waren merkte Josef wie die sommerliche

Hitze und der flimmernde Staub sich zu zwei Komponenten vermengte und ein höllisches Augenbrennen auslöste.

„Um Himmelswillen, ich werde ja ganz blind!“ In der Not stieg er die alte knarrende Holztreppe hinunter und marschierte in seinem alten Schwung im hellen Schein des Sommers ungefähr zweihundert Schritte am Ufer des schwachen Bachstromes entgegen, denn dort fand sich reines Bergquellwasser.

Josef tauchte die Hände ein, wusch sich mehrmals die Augen aus und sah, dass es gut war. Als er voller Freude heimkehrte setzte eine vollständige Heilung ein.

Seine kleine lustige Marie, sie ging noch lange zur Schule, während seine Buben schon ihr Brot verdienten.

Ihr unruhiges Wesen vermochte es jederzeit, trübe Gemüter zum Lachen zu bringen und war der Schmerz noch so stark. Aber einmal war es umgekehrt.

Sie kam jammernd mit Leibschmerzen von der Schule heim:

„Der Lehrer hat mich heimgeschickt. Die anderen Kinder haben gelacht.“ Josef dachte, das Sie schon gewusst hatten, dass von den großen Mädchen Babys kommen, deshalb lachten sie. So baten sie um einen Doktor und als der kam, stellte er Blinddarmentzündung fest.

„Marie, hast Angst?“

„Ah wo,“ seufzte die Kleine. Das Sanitätsauto bog hinunter zur Riesenmühle und fuhr seine Tochter nach Buchen in das Krankenhaus. Der Arzt legte sie auf den Tisch und untersuchte, ob gleich operiert werden müsse oder erst später. Und sie war so unbefangen als wäre überhaupt nichts geschehen. Josef stand nebenan und wollte dann etwas besorgt aufbrechen, da schaute sie putzmunter auf, als müsse sie ihn aufheitern und meinte:

„Vater, nehmt’s den Blinddarm heim, gebt's den Hühnern. Sie werden um ein Ei mehr legen!“

An einem glücklichen Morgen, nach der Kirche in Mudau waren die Leute noch zum plauschen zusammengestanden. Zielstrebig lief Josef in seinem alten Schwung zu,– hatten da nicht die Leute ihm einen schnellen Blickwechsel zugeworfen? Sein sicherer Tritt hatte sie, so konnte man meinen, in ihren Bann gerissen. Sein Gehör war wohl schon damals nicht mehr so astrein, aber was da einer von ihnen zu den anderen rief, hatten Josefs Erwartungen völlig übertroffen. In berauschender Absicht richtete sich jemand ihm zugewandt auf und rief, so laut, dass die älteren Leute ringsum zustimmen konnten:

„Schaut den Schulz an, wie er da geht, der wird hundert Jahre alt!“ Josef hätte einer solchen leichtfertigen Behauptung gewiss nicht zugestimmt. So lachte er, und das klang wohl wie im Märchen, als er zu ihnen hinüber sah und laut zurief:

„Und wenn er vorher nicht gestorben ist, dann lebt er noch bis in alle Zeit!“ Daran hatten sie wohl alle Gefallen, während er heim lief. Die Jahre um Josef Schulz wurden ruhiger, nicht mehr so beschwerlich er gehörte eben schon zum alten Eisen. Die Kinder arbeiteten wochentags in den Städten und kamen nur noch am Wochenende. Er hielt seine kleine aufgebaute Landwirtschaft und erfreute sich des Lebens. Da machten ihm eher die strengen Winter zu schaffen, wenn das Rheuma an seinem Leibe schmerzte und in die Brust stach. Trotzdem arbeitete er, so dass niemand etwas davon merkte. Es ging so weit, dass ihn die Schmerzen sowohl im Winter, als auch bei jedem kalten Regen spürbar durchdrangen und seiner Vermutung nach mit einem früher oder später eintreffenden Stich ins Herzen endete, der das Leben erlöschen würde. Niemals ließ er ein Wort, über seine unheilbare Vermutung verlauten. Es waren die Söhne, die in jenen Jahren Hochzeit hielten und wenn an etwas Kleines auch schon gedacht war, dann strömte Wärme in Josefs und Marias alte Herzen. Der Sepp und Johann waren nun auf sich gestellt und schufen ihr eigenes Heim. Und das Schicksal kam mal wieder ganz anders als erwartet, denn Maria überredete Josef, sich dem verlockenden Angebot Johanns zu beugen, indem sie bald die schlechte Wohnung mitsamt ihrer bescheidenen Landwirtschaft aufgaben, um in das eigene Haus von Johann, in die vorderpfälzische Rheinebene, nach Limburgerhof zu ziehen. Zunächst wollte er nicht. Seine Frau aber bestand darauf und erklärte:

„Du willst gar nichts für Deine Söhne machen!"

Ihm fiel es schwer in seinem einundsiebzigsten Lebensjahr alles aufzugeben, dennoch entschloss er sich, ein letztes Mal umzusiedeln.

Seither verdankten Josef und Maria ihrem Sohn, dem Johann und seiner Frau Eleonore lebenslange Aufnahme, Wohnung, Gesundheit und vieles mehr, denn das milde Klima in der flachen pfälzischen Rheinebene verdrängte fortan das Rheuma mitsamt den starken Leibschmerzen. Hier würden sie mit den glücklichen Kindern ihrer Kinder den Lebensabend verbringen, bis das Ende ihrer Tage kommen wird. Die harte bäuerliche Arbeit war nicht mehr, das Leben nahm seinen ruhigen, gemütlichen Lauf. Mit dem wachsenden Wohlstand versiegten auch die herausragenden Schicksale, die Josefs Leben tiefgreifend bestimmt hatten.

Auf dem Weg ins biblische Alter

Nachdem das selbstgebaute, neue Haus seines Sohnes Johanns fertig gestellt war, zogen mit Josef und Maria auch noch sein jüngster Sohn der Alois mit Frau und Kind ein. Schon bald mehrten sich die Kinder, so waren vier Enkel im Haus. Welch ein dankbares Glück in allem, wenn die Kinder sie besuchten. Für alle Kinder hatte Josef stets ein neues Märchen zu erzählen, das sie in ihren Bann riss und dessen Lohn freuende Kinderaugen waren.

Schleichend verließ ihn Jahr um Jahr sein Gehör, so dass ein normales Gespräch kaum noch zustande kam. Einige Jahre später gewöhnte er sich dann, wegen zunehmendem Hörschaden, endgültig das Zigarren- und Pfeifenrauchen ab, da es durchaus möglich war, das ein Zusammenhang zwischen dem Rauchen und dem schlechten Hören bestand. Aufgrund diesen, seinen, Umständen geriet er immer mehr in den Mittelpunkt als Erzähler,– bei den Kindern zum sogenannten „Märchenopa". Gelegentlich nahm er alle Kinder zum Spaziergang mit, verteilte ihnen währenddessen kleinere Gaben und wollte einmal die Ortsseite Limburgerhofs wechseln, dessen kürzester Weg über die Eisenbahnschienen war. Vor der Schwelle der zweispurigen Trasse warf er zwei flüchtige Blicke in beide Richtungen, nahm sicherheitshalber nur ein Kind an jede Hand und brachte beide zunächst auf die andere Schienenseite, wo sie ruhig warten sollten, bis er mit den anderen beiden nach käme.

Gerade schnappte er die schon ungeduldig Wartenden und wollte mit ihnen los, da donnerte, wie aus dem Nichts urplötzlich geschaffen, in rasender Fahrt ein Zug heran, dass es ihn durch Mark und Bein durchfuhr. Zitternd bebte sein Körper vor Aufregung, als er zu den Kindern sah, von denen der Jüngste erst laufen gelernt hatte. er versuchte noch etwas von der Gefahr zuzurufen, betete und dachte an die nicht auszudenkenden Folgen. Der Zug rauschte vorüber und als die Sicht freigegeben war, standen, zu seiner großen Freude, die beiden Kinder immer noch wohlbehalten am gleichen Platz.

Lange verschwieg er diesen gewagten Spaziergang, so dass auch nichts ans Tageslicht kam, als er am folgenden Morgen einen öffentlichen Bericht, – der wohl vom Lokführer ausging, in der Zeitung fand.

So hatte Josef sein Leben lang Glück gehabt. Er konnte das Leben genießen und brauchte nicht mehr arbeiten. Aus dem einst völlig zerstörten Deutschland hatte sich eine Demokratie und ein Wirtschaftswunder entwickelt, wie es einmalig in Europa war, dass immer mehr Wohlstand nach sich zog. Und doch befand sich das Land im Kalten Krieg, denn der russisch besetzte Teil des geteilten Landes, die DDR sowie die Tschechoslowakei entkamen dem Kommunismus seit jenem Kriegsende nicht mehr. So teilte der eiserne Vorhang Europa in Demokratie und Kommunismus, in West und Ost.

Als Maria und Josef 1967 nach einundzwanzig Jahren die erste Gelegenheit hatten mit der Tochter Marie und ihrem Manne in die alte Heimat zu fahren, waren sie glücklich. Zwar musste jeder sechs Wochen vor Reiseantritt ein Visum beantragen – und Geld zwangsweise umtauschen.

Nach der weiten Fahrt folgte dann eine langwierige Grenzabfertigung. So fuhren sie durch den eisernen Vorhang, der den Weg zu den Menschen zwischen dem Ostblock und der inzwischen reichen, westlichen Welt trennte. Minen, Stacheldraht und Scharfschützen auf den Wachtürmen sorgten mit versteinerten Herzen dafür, dass keiner dem Kommunismus entfliehen konnte. Direkt hinter der Grenze wurde deutlich spürbar, dass das so schöne Südmährer Land, was einst Österreicher, Deutsche und Tschechen gemeinsam besiedelten, total verwahrlost und verkommen war. Sie fuhren durch die Bezirksstadt Znaim, auf den Turmspitzen blitzten ihnen hier und da tiefrote Sterne entgegen. Das Wahrzeichen des schrecklichen Kommunismus. Die Autos bretterten auf den schlechten und holprigen Straßen dieser Stadt. Im Stadtkern standen alte mehrstöckige Wohnhäuser, dem Ruin verfallen.

Gewiss keine Selektion, die gesamte Stadt wirkte erdrückend grau in grau, so dass sie wieder gerne aus ihr hinaus fuhren und auf die Straße nach Miroslav (Mißlitz) bogen. Die Heimat näherte sich, fremd war sie nun geworden und das neue Antlitz hatte frappierende Ausmaße.

Es herrschten Kolchosen, sozialistische Planwirtschaft, denn eine kilometerlange monotone Gurkenbepflanzung bedeckte das Land. Nur noch zarte Aprikosenbäume rechts und links der Straße ließ die einstige Schönheit des Landes erahnen. Sie fuhren durch die breiten Straßen nach Mißlitz hinein. Alles schien so typisch, die niedrigen Häuser mit den ausgiebigen Vorgärten. Ihre alte Kirche in ihrem schönen Stil wie aus uralten Zeiten. Sentimental entflammte tiefe Heimatliebe, da gab es nichts zu rütteln und das war es, was in Maria und Josef unbeschreiblich brannte und wehtat. Der tschechische Hausbesitzer ließ sie sogar in sein Haus ein, das einmal ihnen gehörte. Sie gingen über Äcker, die einmal in ihrem Besitz waren, besuchten das Grab seiner Eltern, bis all die Erinnerungen sie derart überkamen, dass feuchte Wangen und das Wasser in den Augen unvermeidlich blieben. Doch der Kommunismus prägte ein neues Bild. Die einst hier lebenden Menschen waren jäh aus ihrer Dorfgemeinschaft herausgerissen, enteignet und in alle Welt zerstreut. In Böhmdorf lebten andere Menschen, nur ein winziger Rest alter Zurückgebliebener war bis heute geblieben und sie freuten sich unbeschreiblich auf sie. Sie sind es, die ihre alten christlichen Grundsätze in all den schweren Jahren in Treue durchgehalten hatten. Sie bewahrten Abstand vor dem Kommunismus, der jede Art von Religion verbot, auch wenn sie darunter litten und sie deshalb viel mehr Armut als andere ertrugen. Sie hatten ihre alte Herzlichkeit und Liebe darüber hinaus bewahrt. Es waren die Töchter seiner Schwester, die Resi und Ani, die sie bewirteten. Sie schätzten sich glücklich. Es gab viel zu erzählen und das Essen war vorzüglich nach echter böhmischer Küche zubereitet.

Einen Tag später fuhren sie nach Brünn zu Johann, seinem Bruder. Er saß zur gleichen Zeit in seinem Vorgarten, führte den Pinsel in der Hand und strich in seinen alten Tagen den Gartenzaun. Er hatte sich merklich verändert und als er aufsah, zog dieser erstaunt die Brauen hoch, begrüßte sie und führte Maria und Josef geschwind in sein Haus, als brenne ihm etwas dringendes auf dem Herzen. Die Tür war noch nicht zu, da rief er voller Entsetzen:

„Schaut, dass euch der Kommunismus nicht holt, schaut nur, dass euch der Kommunismus nicht einholt! Wir haben alles, zu essen, trinken, sogar ein bisschen Geld für andere Bedürfnisse, aber keine Freiheiten.“ Allmählich sank sein Frust und in seinen Augen blitzte und funkelte es fröhlich aus dem hintersten Winkel auf und sie hatten so viel zu erzählen. Dann stiegen sie zu den Kasernen auf den nahen Spielberg hinauf, wo Josef noch zu Kaisers Zeiten auf die Fronteinsätze des Ersten Weltkrieges vorbereitet wurde. Doch wie lange ist das vergangen. Sie blickten auf die im Dunst stehende Stadt. Alles schien irgendwie unpersönlich kommunistisch, dass er seinen Bruder fragte, ob es jetzt besser als früher sei. Er zuckte verlegen die Schulter, spähte verstohlen um sich als könne ein Spion das Gespräch mithören, bis er sich vergewissert hatte und die in ihm sitzende Angst überwand, erst dann verneinte er es getrost. In der Stadt besuchten sie eine Kirche, wo sich alle belauschten Menschen eben geborgen fühlen mussten , da ging er aus sich heraus und sagte Josef zugewandt:

„Alles soll der Teufel holen und den Kommunismus zu zuallererst.“ Da erst begriff Josef vollends, was es bedeutet das Leben in Freiheit und Wohlstand zu genießen. Er begriff auch, dass sich aus bitterster Not seines Schicksals ein Leben in Freiheit und Fülle entfalten konnte, und dass es gar Jahre bedarf um festzustellen, dass selbst das Unbegreiflichste zum Besten führen konnte und dafür dankte er Gott nun.

Sie hatten noch vieles zu erzählen aber auch diese letzten Stunden vergingen. Noch einmal sah er ihn ein Jahr später, ein Wiedersehen gab es dann nicht mehr und der Tod schied auch sie von dieser Erde, und so entschwanden nach und nach Menschen, die viele glückliche Jahre mit Josef teilten.

Nochmals sah er die Heimat. Er sah sie verwandelt, greifbar nah, die Vergangenheit, als wäre es gestern gewesen, – sein Hof, die Kinder, ihre Kirche und die Nachbarn, die Mutter, den Vater, all sie sah er auf Heimatboden vor sich – und doch bleibt es dabei, es war einmal, aber die Sehnsucht hatte er nie verloren.

Heimat, du reine Erde,
Du Mutter einziger Ort,
Heimat, du wundervolles,
Du starkes gutes Wort.
(Hans Witlik)

Ein Jahr später fuhr er mit seinem Sohn nochmals nach Mißlitz, seine Frau blieb zu Hause.

Mit Maria hatte Josef noch zwei schöne Pilgerreisen nach Lourdes erlebt. Sie starb am 13. Jänner 1968 plötzlich an der Zuckerkrankheit. Da war Josef zutiefst schockiert und traurig über ihren Tod.

Aber auch andere, sein Bruder, Freunde und Bekannte, die noch vom gleichen Menschenschlag stammten, gingen nach und nach dahin.

Seitdem lebte Josef allein bei seinem Sohn, bewahrte seine Grundsätze die das Leben geprägt hatte und es waren die Enkel, die immer wieder neu erstaunt zuhörten und sich über den starken Willen zu Bescheidenheit und jenen christlichen Grundsätzen, die von seiner Jugend ausgingen und bis heute Bestand hielten, wunderten. Durch diese, seine Geborgenheit in Gott, konnte jede Art von bedrohlicher Versuchung, die das Leben brachte abgewiesen werden.

Ruhige gemütliche, besonders erholsame Urlaube erlebte Opa Josef noch viele Jahre später auf Bauernhöfen in den Alpen, mit Johann, Eleonore und den Enkelkindern. Zweimal verbrachten sie Urlaub im Südtiroler Pfitschtal bei einem abgelegenen Bauernhof, der sich Graushof nannte. Vor der Eingangstür des mächtigen Bauernhauses plätscherte das frische kalte Quellwasser in einen riesigen Holztrog. Der süße Geruch von frischem Holz und Heu war so angenehm wie die herzliche Gastfreundschaft der Südtiroler. Übrigens, die Südtiroler Bergbauern, Junge sowie Alte tragen selbst heute noch ihren blauen Arbeitsschurz, genauso wie die Mißlitzer früher daheim. Gerade hier hatte er die allerbeste Gelegenheit an seine Zeit als Ministrant zurückzudenken, da er sich am Morgen und am Abend zur Verfügung stellte, die Glocken der wenig entfernten Kapelle zu läuten. Schon in aller Herrgottsfrühe stand er auf, weckte die Kinder und ließ sie am Glockenstrang läuten.

Dreimal verbrachten sie noch Urlaub in den Bergen Tirols. Einmal im Zillertal und zweimal in einem kleinen ruhigen Bergdorf des Ötztales. Auch hier thronende Berghäupter ringsum, stattliche Berghöfe, Almen, Kuhglockengeläut, am Morgen und am Abend fettreiche, frische Milch. Da schlug doch sein altes Bauernherz gar mächtig. Hier feierte er auch mit den Familien seiner Söhne Johann und Alois den 85. Geburtstag, zu dem ihm die Frauen eine besondere Freude bereiten wollten, indem sie Torten im Gasthof auftragen ließen. Dabei hätten sie wissen müssen, dass er noch nie Wert darauf legte seinen Magen verkleben zu lassen.

„Wenn ich die Torten früher schon gegessen hätte, tat i längst nimmer leben," erklärte er allen. Das aber wollten sie nicht hören, denn damit hatten sie wohl doch nicht gerechnet und am Abend erschraken sie geradezu als er aufgrund des Durstes das „Bier her" sang und währenddessen auf den Tisch schlug, als wäre er in seiner Jugend.

Dass der alte Mensch von der Erinnerung lebt und immer so alt ist wie er sich gerade fühlt, ist reine Tatsache und gerade darum bestimmten Temperament und Heiterkeit das fortschreitende Leben im Alter nun.

In den späteren Jahren des hohen Alters plagte er mit Ernst zu meinendem Galgenhumor, seine Söhne und Enkel immer wieder mit den Worten: „Nehmt's a Hocka und darschlagts mi!," Dennoch hätte er sich bei noch so großen Altersbeschwerden nicht ergeben. Das Leben war ja immer ein Kampf gewesen und den morgendlichen Kirchgang mit dem Empfang der Heiligen Kommunion, welcher, wie das tägliche Brot zu seinem Leben gehörte, wollte er nicht versäumen. Darum mussten die Füße einfach tragen, ob sie schmerzten oder nicht. Kam er von seinem frühen morgendlichen Kirchgang nach Hause, machte er sich einen Kaffee, brockte das Brot in das Kaffeehäferl oder bestrich es mit Schweineschmalz. Einen Schweinebauch mochte er besonders gerne. Das Frühstück war kräftig und ausgiebig, nach dem alten Sprichwort:

„morgens wie ein König,
mittags wie ein Graf und
abends wie ein Bettelmannn."(7)

Opa Josef las die Zeitung, löste meistens immer das Kreuzworträtsel und ging hinaus in den Garten. Er arbeitete, was er konnte, mähte den Rasen oder grub den Garten um.

Die Pünktlichkeit des Essens um 12 Uhr war das eine und die Vorspeise „Suppe" das andere auf das er immer Wert gelegt hatte, denn wer lang suppt lebt auch lang. Das Essen verdankte er der Frau des Johanns, Eleonore. Von der traditionell eingeführten echt böhmischen Küche den Zwetschgenknödeln, aber auch den mit Weinkraut oder Wirsinggemüse servierten Hefeknödeln mit Fleisch schwärmte Opa Josef bis zuletzt. Den Mittagsschlaf ließ er sich, wie den Wein am Abend, nicht nehmen. Am Nachmittag spazierte er zu den nahegelegenen Parkbänken oder besuchte gar jemand. Das ganz frühe Schlafengehen hatte er sich immer zur Gewohnheit gemacht.

An Wallfahrten hatte er sein Lebtag eine Freude und als Kind Gottes schien es ihm besonders im hohen Alter verpflichtend seinen Dank dafür zu erweisen. Deshalb erlaubte er sich im 93. Lebensjahr, bereits als ältester Wallfahrer den steilen Kreuzweg auf den Annaberg in der Pfalz hinauf und wieder abzusteigen. Ein Jahr später, solange die Füße trugen, kämpfte er sich nochmals auf den bei Gleisweiler liegenden Berg.

Aber Monate vergingen, furchtbare Rücken und Muskelschmerzen kamen und als die erwünschte Besserung eintrat, meldete er sich zum Dank verpflichtend gleich zu einer neuen Wallfahrt an. So ging mit 97 Jahren, im Frühjahr 1990, der große Wunsch nochmals zu einer letzten riesigen Wallfahrt mit dem Pilgerzug Limburgerhof nach Lourdes, zu fahren, in Erfüllung.

Zusammen mit seinem jüngsten Enkel Bernd, stand eine anstrengende Bahnreise mit fünfzehn-stündiger Hinfahrt und achtzehn-stündiger Rückfahrt bevor. Wer Lourdes, das am Rande der französischen Pyrenäen liegt, mit all seinen visionären Marienerscheinungen verstehen will, muss Ursprung und Geschichte kennen. Jährlich strömten damals über 3,5 Millionen Besucher und Pilger aus allen Nationen hierher. Menschenscharen zu Tausenden stimmten ein in den Lobgesang endlos scheinender Prozessionen, den ergreifenden Krankensegnungen und internationalen Gottesdiensten. Und das Schönste, die Liebe zu den Menschen, Gesunde waren für Kranke da, Junge für Alte, Starke stützten Schwache, Hoffnung, Leid und Freude, kleine, aber auch große Heilungen, die medizinisch einfach unerklärlich bleiben, das ist die große Botschaft von Lourdes.

Ein kurzes eiskaltes Vollbad aus der wunderbaren Quelle von Massabielle, was den Menschen erquickend reinigen soll, wollt sich Opa Josef keineswegs entgehen lassen, darum sagte er zu seinem Enkel Bernd, der es nicht zulassen wollte, aus Angst, er könnte an einem Kälteschock sterben:

„Wenn i derfrieren sollt, dann esst mich als Speiseeis zamm!"

Ob krank oder gesund, mit jedem beteten die Badehelfer zuvor ein Vaterunser und ein Gegrüßt seist du Maria, dann erst halfen sie in das eiskalte Wasser, das Leib und Seele heilen konnte. Vom Glück überströmt, als wäre es nach der Beichte, kam er dann hinaus.

Am Morgen des Aufbruchs war er so heiter wie lange nicht mehr, doch als am Abend die Stadt Nevers erreicht war, das liegt mitten in Frankreich, überfielen Opa Josef so starke Schmerzen, dass er zu der Überzeugung gelangte, beim morgendlichen Erwachen, nicht mehr Deutschland zu sehen, sondern vielmehr vor dem strahlenden Lichte Gottes zu stehen.

„Wirst sehn," erklärte er seinem Enkel, „in der Früh bin i tot." Bernd sorgte sich gleich tröstend um ihn und holte den Arzt. Josef glaubte, die darauffolgende Nacht war die Längste, in mehr als 97 Lebensjahren.

Als die Wallfahrer am nächsten Tag mittags nach Hause kamen schmerzten dem alt gewordenen Opa Josef alle Glieder. Das wurde vorübergehend besser, aber – als der Sommer einzog quälten ihn jene Muskel- und Rückenschmerzen so stark, dass sie für den ersten Krankenhausaufenthalt überhaupt in seinem ganzen Leben sorgten, wodurch eine Linderung eingeleitet wurde.

So kam eine gute Zeit; bis Ende 1990 eine zunehmende Erblindung am grauen Star folgte. Das hatte zur Folge, dass er weder Kreuzworträtsel lösen, noch Zeitung lesen und nur mit viel Mühe puzzeln, konnte. Das war schon ein Ärgernis, denn es gab zu jener Zeit ja recht viel Neues zu lesen, sowohl was den Zusammenbruch des Kommunismus in Russland und in der Heimat betraf, als auch die Wiedervereinigung Deutschlands. Und vielleicht auch die Versöhnung der Völker in Europa, die inzwischen vierzig Jahre Trennung hinter sich ließen und die einst friedlich zusammenlebten.

Die Beine trugen Josef dafür wieder weiter, und so kam ihm die Idee wieder mal seine liebe Schwiegertochter Helga in Limburgerhof Nord zu besuchen. Wie fast immer legte er die Strecke am Waldrand auf direktem Wege über die Bahngleise zurück. Obwohl er sich an den Signalen der Deutschen Bahn orientierte, donnerte nach Verlassen des

Bahnkörpers mit ungewohnter Schnelle ein Zug heran, dass ihm der Hut vom herbei zischenden Luftzug in Windeseile vom Kopf flog. Welch ein Ärger nur, noch lange suchte er seinen Hut auf den damals zweispurigen Schienen. Und das war gar nicht so leicht mit seinen vom grauen Star halb erblindeten Augen. Aber geschehen ist ihm auch diesmal nichts. Im Herbst 1991 kam es zu einer ersten Operation der Augen und erst im Frühjahr 1992 zu einer Zweiten. Seine unverwüstliche Heiterkeit ließ er sich allerdings während dieser Zeit nicht nehmen, besonders dann nicht, wenn andere kamen und ihm Aufmerksamkeit schenkten. Noch etwas wunderliches geschah wenige Monate vor seinem hundertsten Geburtstag, nämlich ein gefährlicher Treppensturz, beinahe vom ersten Stockwerk seiner Wohnung rücklings hinunter ins Erdgeschoss. Hinzu kam auch noch eine starke Bronchitis. Er hätte sich das Kreuz brechen können. Längst hätte er am Friedhof liegen können, wäre da nicht jedes mal, ein ganzes Leben lang, sein guter Schutzengel, der ihm seine Güte schon im zweiten Lebensjahr offenbarte, eingetreten. Wer ist dieser gesandte Schutzengel? Als er jung war hatte er die Heilige Schrift ganz gelesen und da spricht Christus zu uns:

„Bleibt in mir, dann bleibe ich in Euch. Wie die Rebe aus sich keine Frucht bringen kann, sondern nur, wenn sie am Weinstock bleibt, so könnt auch Ihr keine Frucht bringen, wenn Ihr nicht in mir bleibt.“ (Joh. 15,4)

Hatte er es nicht ein Leben lang so getan? Wie kann es da noch eine größere Sicherheit geben?

Der Hundertste Geburtstag

„Vor a soa Hundert Joahr,
koan Verstand und koane Hoar,
ohne Gwand und ohne Geld,
bin i 'kimma auf die Welt,
wie mi hat Frau Schulz bracht,
hot mein Vader gleich gelacht,
alles gsorgt im Zimmer gern,
das wird der schönste Mann von Mährn."

5 „Mit fünf Jahren ein Kind,
10 mit zehn Jahren ein Knabe,
20 mit zwanzig ein Jüngling,
30 dreißig ein Mann,
40 vierzig Jahre wohlgetan.
50 Fünfzig Jahre stille stehen,
60 mit sechzig fängt das Alter an,
70 mit siebzig Jahren weiß,
80 mit achtzig ein Greis,
90 mit neunzig Jahren Kinderspott,
100 mit Hundert Jahren Gnade vor Gott"(8)

Als der Morgen des 17. Augustes 1992 hereinbrach wusste Josef Schulz, dass es ein Tag des Dankes werde und er wusste auch, dass mit der Vollendung des Hundertsten Lebensjahres sein letztes großes irdisches Ziel erfüllt wurde.

Zu Ehren des Tages zog er ein strahlend weißes Hemd an, das noch weißer als Schnurrbart und Haar war, eine schwarze melierte Hose und darüber einen frischen Arbeitsschurz, der so blau wie der Himmel an diesem Morgen schien. Es würde ein sonniger Tag werden. Söhne, Enkel und Urenkel, Verwandte und Bekannte, einige kamen schon am frühen Morgen zur Gratulation. Alle hatten sich an diesem Tag freigenommen.

Auch seine Tochter mit ihrem Mann Konrad, der sein Akkordeon dabei hatte und ihm ein Ständchen spielte. Weingläser klirrten, denn dieser fröhliche Tag musste reichlich begossen werden. Auch der Bürgermeister von Limburgerhof kam, um ihm als ältesten Bürger des ganzen Umkreises zu gratulieren.

Immer wieder kamen Besucher. Er blickte auf und sah zu seiner großen Überraschung Gäste aus der Riesenmühle vom Odenwald. Mit großer Freude erinnerten sie sich an jene Zeit zurück.

Als sie auf der Terrasse saßen, kamen auch die Enkel. Sein kleinster Urenkel verweilte auf seinem Schoße, heiter blickte Uropa Josef dann alle abwechselnd mit offener Freude an. Dann fuhr er fröhlich auf:

„Schenkt's ein!“ Da sich keiner rührte begann er nun laut tschechisch zu singen. Die Gäste wurden aufmerksamer, lauschten den unverständlichen Worten und hefteten schließlich ihre Blicke auf ihn, so dass er immer lustiger und fröhlicher sang, bis der Johann endlich fragte: „Was heißt das?“

„Was das heißt? Die Gläser sind leer, der Durst ist groß. So schenkt nur ein...“

Anlässlich des Hundertsten Geburtstages hatte der Pfarrer die ganze Kirchengemeinde von Limburgerhof zum Dankgottesdienst eingeladen, der dann am Nachmittag stattfinden sollte. Und da kamen die Menschen, mitten in ihrem Alltag herbei geströmt und lauschten dem prächtigen Zusammenspiel von Querflöte, Violine und Orgel, jenes altbekannten schwermütigen Kirchenliedes:

„Wohin soll ich mich wenden, wenn Gram und Schmerz mich drücken?“ das die Töchter seiner Tochter spielten. Der Pfarrer verriet in seiner Predigt wichtige Stationen aus seinem Leben und verkündete allen Josefs zauberhaften Wahlspruch, dessen Treue ein Leben lang hielt:

„Mit Gott fang an, mit Gott hör auf, das ist der beste Lebenslauf.“

Nach der Eucharistiefeier überreichte ihm der Pfarrer einen Brief des Speyerer Bischofs und als das ergreifende Lied: „Großer Gott wir loben Dich“ in seiner vollen Stärke beendet war, warteten die Kinder, die ihn kannten, um ihm zu gratulieren und die Hände zu schütteln. Im Anschluss gab es Kaffee und Kuchen und neben dem vielen Zuckerwerk fanden sich sogar echte altböhmische Buchteln, die waren ihm am liebsten. Dann folgte eine feierliche Ansprache, man überreichte dem Uropa Josef einen blauen Arbeitsschurz mit der Aufschrift 100. Zu seiner Überraschung begannen dann alle gleichzeitig zu singen.

Der Konrad spielte mit dem Akkordeon, und die Gäste sangen aus vollster Kehle. Da kam urplötzlich der Gemeindevorstand, die Musik verstummte. Alle blickten diesen erwartungsvoll in das Antlitz. Er überbrachte beste

Glückwünsche und überreichte ihm stolz den Brief sowohl vom Bundespräsidenten als auch vom Ministerpräsidenten.

Mit Essen und Trinken vergingen auch jene letzten Stunden und so endete der Hundertste Geburtstag.

Ausklang

Noch einmal nahm ihn sein Sohn Johann in das rauere Klima des Odenwalds mit, zeigte ihm die Riesenmühle, die Wiesen und die schattigen Wälder.
Dann sitzt er im Arbeitsschurz mit Brot und Schmalz bei einem guten Wein in seiner einfachen heimeligen Stube. Oft besucht ihn sein Enkel Bernd, der alles Erlebte mit seinem Einverständnis für die Nachwelt aufschrieb, mit Josefs eindringlicher Bitte: „Wünscht euch nur keinen Krieg, ihr wisst nicht, wie grausam das ist!“ Herbst und Winter vergehen. Der fröhliche Uropa Josef singt und lebt neu auf. Die Füße tragen ihn wieder weiter und leichter. Was er zum Leben nicht mehr braucht, hat er längst verschenkt. Gesegnet hat ihn der Herr. Das Frühjahr bringt wieder frisches Grün, das vom Winter Zergangene erwacht wieder voller Lebenskraft und reckt sich blühend der warmen Frühjahressonne entgegen. Das ist Faszination des Überlebens, immer wieder zu neuem feurigen Leben erwachen, Zeiten, in denen die Macht des Bösen regiert durch Opfermut und Nächstenliebe bestehen, Bereitschaft sein Leben hinzugeben zum ewigen Leben, Güter zu verschenken, um Reichtümer des Himmels zu sammeln.

Dies alles kennt nur den Ursprung in Gott, dessen ehrfürchtigen Glauben ihm als einziges und schönstes seine Eltern auf den Weg ins Leben gaben.

Wenn er zurückblickt und sah Gutes und Böses, so kann er dennoch getrost sagen, dass letztlich immer das Gute gesiegt hat. Alles was die Welt einst bewegte, Weltkriege, Knappheit, Fortschritt, Wohlstand und das Geld, – in hundert Jahren werden wohl wie die Menschen vergehen, aber der einkehrende Friede im Herzen und das eins gewordene Gewissen mit dem, der alles erschaffen hat, bleibt darüber hinaus bestehen.

Erst neulich fragte ihn jemand, welchen Sinn er im Leben gesehen habe. Da erinnerte er sich an den Satz eines unbefangenen Wiener Knaben, dem er vielleicht vor achtzig Jahren ganz zufällig begegnete und dessen Worte, die er an die Erwachsenen richtete, ihm bis heute in Erinnerung geblieben sind:

Dieser Knabe sagte: „Wir sind auf Erden um Gott zu erkennen, ihm zu dienen und zu lieben um dadurch selig zu werden."

Auch wenn Josef sehr alt geworden ist, verlor er nicht den Blick auf seine Nachwelt. Er weiß sehr wohl, dass in der heutigen Welt Atheismus und Gleichgültigkeit herrscht. Da fragte er sich schon mal, was die Menschen von ihrem Unglauben haben und noch schlimmer, mit welcher Ungewissheit und Angst denken sie ans sterben? Es macht allerdings nicht den Eindruck, dass sie Frieden im Herzen gefunden haben und glücklich dabei geworden sind.

Aber gerade Krisen im Glauben und orientierungslose Zeiten waren in der Geschichte immer gewesen. So auch während dem Dritten Reich und dem Kommunismus. Beides hatte keinen dauerhaften Bestand.

Wie sinnlos kann Josef am Ende sagen, wäre sein Leben gewesen, hätte er es nicht Gott anvertraut, der ihn in guten und schlechten Zeiten nicht verlassen hatte. Wie dunkel schiene ihm der Tod, würde es nicht die Hoffnung eines Überganges zum Triumph der unsterblichen Seele über die sterbliche Hülle geben (9).

Hundert Jahre sind vergangen, draußen spielen inzwischen seine Urenkel. Auch Sie könnten später dazu beitragen, das die Welt ihrer Zeit durch ihren Opfermut und Gerechtigkeit besser wird. Einfache Möglichkeiten zum Mitwirken gibt es da bei all den Krisen, viele! Haltet euch an Gott und seid vorbildlich auch beim Schutz unserer einen Erde, die auch für all die zukünftigen Generationen nachhaltig gebraucht wird!

Die Wolken ziehen über die versinkende Sonne im letzten gold glühend dämmernden Licht.

An einem Morgen trägt der Wind das läuten der Glocken daher. Sie klingen dunkler als sonst, erst laut und lange, dann fast ersterbend und wieder mächtiger verkündend – bis leiser werdend – endlos, im Ausklang schallend, segnen sie alle, die in dieser Welt noch leben, und jene, die gelebt haben.

Josef Schulz starb am Morgen, des 23. Juni 1993 mit fast 101 Jahren, nicht in der Pfalz, sondern während einem Besuch bei seiner Tochter Marie in Nordrhein-Westfalen, drei Wochen nach einem plötzlichen Schlaganfall.

Sein Herz schlug Hundert Jahre und es lebt in der Erinnerung bei denen, die seine Ausstrahlung kannten, auch weiterhin. Mit seinem irdischen Tod verstummte auf die Minute genau auch das Ticken seiner Taschenuhr, die sich zum Zeitpunkt über dem Bettrand hängend, an der Wand befand.

In gleicher Nacht erschien er mir im Traum und ich sah ihn, meinen Opa, freudestrahlend lachen, als ginge etwas langersehntes, nämlich das Himmelreich, in Erfüllung.

Der Autor

Quellenangaben zu den Beiträgen:

alles erzählte Lebensgeschichten von Josef Schulz, umgewandelt in den romantischen Schreibstil von Bernd Schulz

Original Konversation im Südmährer Dialekt von Josef Schulz übernommen. Aussprache der Übersetzungen ins tschechische, russische oder polnische sind noch von original Erzählungen von Josef Schulz und entsprechen oft nicht der korrekten Übersetzung.

(1)(2) Donaumonarchie und Kaiser Franz Joseph, vgl. Heinz von Lichem, Der einsame Krieg, 4.Auflage, Athesia Verlag Bozen 1981, S.13,26

(3)(4)(5)(6) Urheber unbekannt

(7) Kurt Oxenius, Deutsches medizinisches Wochenblatt 1937)

(8)(Die Lebensalter Volksmund 1946 E.Periodica, Auszug aus den vielen improvisierten Gedichten von Josef Schulz)

(9) Pater Pio spricht zur Welt, Parvis-Verlag 1992 CH Hautville, Auszüge vom Nationalheiligen Italiens

Titelbild: Josef Schulz mit 98 Jahren

Bildrecht zur Verfügung gestellt: Willi Rief 1990, Limburgerhof

An dieser Stelle möchte ich auch all denen danken, die an der Verwirklichung des Buches durch ihre offene Hilfsbereitschaft mitgewirkt haben, ganz besonders meiner Mutter Helga Schulz für die Arbeit damals an der Schreibmaschine.

Bernd Schulz, jüngster Enkel von Josef Schulz, Schreiner, Holztechniker, Projektleiter und tel. Verkaufsberater, aber auch Ehemann und Vater, aufgewachsen in der Pfalz lebte und arbeitete von 2001 für zwölf Jahre in Südtirol, wo er seinen Hobbys Bergsteigen und Skifahren nachging. In seiner Jugend schon schrieb er die Erzählungen seines Großvaters auf und verwahrte diese für 30 Jahre lang.
Ein unglaublich spannendes Buch mit dem vermutlich letzten Zeitzeugen seiner Zeit.

Weitere Ratgeber für dich, zu ganz individuellen Problemen, in allen persönlichen Lebensbereichen sind zu finden unter:

www.ratgeber-ebooks-download.com

z.B. Traumpartner finden - Kurs ***im Angebot***

Reset - Beruflicher Neustart ins Glück

Job Knacker ebook

Gratis Internet Werbung

Zeitspar-ebook

Rezepte für die Traumfigur

Anti Mobbing Guide

Geld verdienen weltweit

Geld verdienen im Schlaf

Liebe säen-Glück ernten

Der Glücksmanager

Glücklich in Rente

Frei von Problemen

und in weiteren 100 Ratgeber inkl. Hörbücher findest du zeitlich begrenzt auch für deine Probleme den richtigen Rat!
Einfach in der Suchmaske nach einem Stichwort für dein Anliegen suchen, um endlich glücklich zu werden!